U0453739

>>>>>>>>>>>

消防安全法律法规学习读本

消防安全法律法规

■ 魏光朴　主编

加大全民普法力度，建设社会主义法治文化，树立宪法法律
至上、法律面前人人平等的法治理念。

　　——中国共产党第十九次全国代表大会《决胜全面建
成小康社会　夺取新时代中国特色社会主义伟大胜利》

汕头大学出版社

图书在版编目（CIP）数据

消防安全法律法规／魏光朴主编．-- 汕头：汕头
大学出版社（2021.7重印）

（消防安全法律法规学习读本）

ISBN 978-7-5658-3337-3

Ⅰ．①消… Ⅱ．①魏… Ⅲ．①消防法-中国-学习参
考资料 Ⅳ．①D922.144

中国版本图书馆 CIP 数据核字（2018）第 000903 号

消防安全法律法规　　XIAOFANG ANQUAN FALÜ FAGUI

主　　编：魏光朴

责任编辑：邹　峰

责任技编：黄东生

封面设计：大华文苑

出版发行：汕头大学出版社

　　　　　广东省汕头市大学路 243 号汕头大学校园内　邮政编码：515063

电　　话：0754-82904613

印　　刷：三河市南阳印刷有限公司

开　　本：690mm×960mm 1/16

印　　张：18

字　　数：226 千字

版　　次：2018 年 1 月第 1 版

印　　次：2021 年 7 月第 2 次印刷

定　　价：59.60 元（全 2 册）

ISBN 978-7-5658-3337-3

前　言

习近平总书记指出："推进全民守法，必须着力增强全民法治观念。要坚持把全民普法和守法作为依法治国的长期基础性工作，采取有力措施加强法制宣传教育。要坚持法治教育从娃娃抓起，把法治教育纳入国民教育体系和精神文明创建内容，由易到难、循序渐进不断增强青少年的规则意识。要健全公民和组织守法信用记录，完善守法诚信褒奖机制和违法失信行为惩戒机制，形成守法光荣、违法可耻的社会氛围，使遵法守法成为全体人民共同追求和自觉行动。"

中共中央、国务院曾经转发了中央宣传部、司法部关于在公民中开展法治宣传教育的规划，并发出通知，要求各地区各部门结合实际认真贯彻执行。通知指出，全民普法和守法是依法治国的长期基础性工作。深入开展法治宣传教育，是全面建成小康社会和新农村的重要保障。

普法规划指出：各地区各部门要根据实际需要，从不同群体的特点出发，因地制宜开展有特色的法治宣传教育坚持集中法治宣传教育与经常性法治宣传教育相结合，深化法律进机关、进乡村、进社区、进学校、进企业、进单位的"法律六进"主题活动，完善工作标准，建立长效机制。

特别是农业、农村和农民问题，始终是关系党和人民事业发展的全局性和根本性问题。党中央、国务院发布的《关于推进社会主义新农村建设的若干意见》中明确提出要"加强农村法制建设，深入开展农村普法教育，增强农民的法制观念，提高农民依法行使权利和履行义务的自觉性。"多年普法实践证明，普及法律知识，提高法制观念，增强全社会依法办事意识具有重要作用。特别是在广大农村进行普法教育，是提高全民法律素质的需要。

多年来，我国在农村实行的改革开放取得了极大成功，农村发生了翻天覆地的变化，广大农民生活水平大大得到了提高。但是，由于历史和社会等原因，现阶段我国一些地区农民文化素质还不高，不学法、不懂法、不守法现象虽然较原来有所改变，但仍有相当一部分群众的法制观念仍很淡化，不懂、不愿借助法律来保护自身权益，这就极易受到不法的侵害，或极易进行违法犯罪活动，严重阻碍了全面建成小康社会和新农村步伐。

为此，根据党和政府的指示精神以及普法规划，特别是根据广大农村农民的现状，在有关部门和专家的指导下，特别编辑了这套《全国普法学习读本》。主要包括了广大人民群众应知应懂、实际实用的法律法规。为了辅导学习，附录还收入了相应法律法规的条例准则、实施细则、解读解答、案例分析等；同时为了突出法律法规的实际实用特点，兼顾地方性和特殊性，附录还收入了部分某些地方性法律法规以及非法律法规的政策文件、管理制度、应用表格等内容，拓展了本书的知识范围，使法律法规更"接地气"，便于读者学习掌握和实际应用。

在众多法律法规中，我们通过甄别，淘汰了废止的，精选了最新的、权威的和全面的。但有部分法律法规有些条款不适应当下情况了，却没有颁布新的，我们又不能擅自改动，只得保留原有条款，但附录却有相应的补充修改意见或通知等。众多法律法规根据不同内容和受众特点，经过归类组合，优化配套。整套普法读本非常全面系统，具有很强的学习性、实用性和指导性，非常适合用于广大农村和城乡普法学习教育与实践指导。总之，是全国全民普法的良好读本。

目　录

中华人民共和国消防法

公安消防部队执勤战斗条令

中华人民共和国消防法

中华人民共和国主席令

第六号

《中华人民共和国消防法》已由中华人民共和国第十一届全国人民代表大会常务委员会第五次会议于 2008 年 10 月 28 日修订通过，现予公布，自 2009 年 5 月 1 日起施行。

中华人民共和国主席　胡锦涛

2008 年 10 月 28 日

（1998 年 4 月 29 日第九届全国人民代表大会常务委员会第二次会议通过；根据 2008 年 10 月 28 日中华人民共和国主席令第六号修订）

第一章　总　则

第一条　为了预防火灾和减少火灾危害，加强应急救援工作，保护人身、财产安全，维护公共安全，制定本法。

第二条 消防工作贯彻预防为主、防消结合的方针，按照政府统一领导、部门依法监管、单位全面负责、公民积极参与的原则，实行消防安全责任制，建立健全社会化的消防工作网络。

第三条 国务院领导全国的消防工作。地方各级人民政府负责本行政区域内的消防工作。

各级人民政府应当将消防工作纳入国民经济和社会发展计划，保障消防工作与经济社会发展相适应。

第四条 国务院公安部门对全国的消防工作实施监督管理。县级以上地方人民政府公安机关对本行政区域内的消防工作实施监督管理，并由本级人民政府公安机关消防机构负责实施。军事设施的消防工作，由其主管单位监督管理，公安机关消防机构协助；矿井地下部分、核电厂、海上石油天然气设施的消防工作，由其主管单位监督管理。

县级以上人民政府其他有关部门在各自的职责范围内，依照本法和其他相关法律、法规的规定做好消防工作。

法律、行政法规对森林、草原的消防工作另有规定的，从其规定。

第五条 任何单位和个人都有维护消防安全、保护消防设施、预防火灾、报告火警的义务。任何单位和成年人都有参加有组织的灭火工作的义务。

第六条 各级人民政府应当组织开展经常性的消防宣传教育，提高公民的消防安全意识。

机关、团体、企业、事业等单位，应当加强对本单位人员的消防宣传教育。

公安机关及其消防机构应当加强消防法律、法规的宣传，并督促、指导、协助有关单位做好消防宣传教育工作。

教育、人力资源行政主管部门和学校、有关职业培训机构应当将消防知识纳入教育、教学、培训的内容。

新闻、广播、电视等有关单位,应当有针对性地面向社会进行消防宣传教育。

工会、共产主义青年团、妇女联合会等团体应当结合各自工作对象的特点,组织开展消防宣传教育。

村民委员会、居民委员会应当协助人民政府以及公安机关等部门,加强消防宣传教育。

第七条 国家鼓励、支持消防科学研究和技术创新,推广使用先进的消防和应急救援技术、设备;鼓励、支持社会力量开展消防公益活动。

对在消防工作中有突出贡献的单位和个人,应当按照国家有关规定给予表彰和奖励。

第二章 火灾预防

第八条 地方各级人民政府应当将包括消防安全布局、消防站、消防供水、消防通信、消防车通道、消防装备等内容的消防规划纳入城乡规划,并负责组织实施。

城乡消防安全布局不符合消防安全要求的,应当调整、完善;公共消防设施、消防装备不足或者不适应实际需要的,应当增建、改建、配置或者进行技术改造。

第九条 建设工程的消防设计、施工必须符合国家工程建设消防技术标准。建设、设计、施工、工程监理等单位依法对建设工程的消防设计、施工质量负责。

第十条 按照国家工程建设消防技术标准需要进行消防设计的建设工程,除本法第十一条另有规定的外,建设单位应当自依法取得施工许可之日起七个工作日内,将消防设计文件报公安机关消防机构备案,公安机关消防机构应当进行抽查。

第十一条 国务院公安部门规定的大型的人员密集场所和其他

特殊建设工程，建设单位应当将消防设计文件报送公安机关消防机构审核。公安机关消防机构依法对审核的结果负责。

第十二条 依法应当经公安机关消防机构进行消防设计审核的建设工程，未经依法审核或者审核不合格的，负责审批该工程施工许可的部门不得给予施工许可，建设单位、施工单位不得施工；其他建设工程取得施工许可后经依法抽查不合格的，应当停止施工。

第十三条 按照国家工程建设消防技术标准需要进行消防设计的建设工程竣工，依照下列规定进行消防验收、备案：

（一）本法第十一条规定的建设工程，建设单位应当向公安机关消防机构申请消防验收；

（二）其他建设工程，建设单位在验收后应当报公安机关消防机构备案，公安机关消防机构应当进行抽查。

依法应当进行消防验收的建设工程，未经消防验收或者消防验收不合格的，禁止投入使用；其他建设工程经依法抽查不合格的，应当停止使用。

第十四条 建设工程消防设计审核、消防验收、备案和抽查的具体办法，由国务院公安部门规定。

第十五条 公众聚集场所在投入使用、营业前，建设单位或者使用单位应当向场所所在地的县级以上地方人民政府公安机关消防机构申请消防安全检查。

公安机关消防机构应当自受理申请之日起十个工作日内，根据消防技术标准和管理规定，对该场所进行消防安全检查。未经消防安全检查或者经检查不符合消防安全要求的，不得投入使用、营业。

第十六条 机关、团体、企业、事业等单位应当履行下列消防安全职责：

（一）落实消防安全责任制，制定本单位的消防安全制度、消防安全操作规程，制定灭火和应急疏散预案；

（二）按照国家标准、行业标准配置消防设施、器材，设置消防安全标志，并定期组织检验、维修，确保完好有效；

（三）对建筑消防设施每年至少进行一次全面检测，确保完好有效，检测记录应当完整准确，存档备查；

（四）保障疏散通道、安全出口、消防车通道畅通，保证防火防烟分区、防火间距符合消防技术标准；

（五）组织防火检查，及时消除火灾隐患；

（六）组织进行有针对性的消防演练；

（七）法律、法规规定的其他消防安全职责。

单位的主要负责人是本单位的消防安全责任人。

第十七条　县级以上地方人民政府公安机关消防机构应当将发生火灾可能性较大以及发生火灾可能造成重大的人身伤亡或者财产损失的单位，确定为本行政区域内的消防安全重点单位，并由公安机关报本级人民政府备案。

消防安全重点单位除应当履行本法第十六条规定的职责外，还应当履行下列消防安全职责：

（一）确定消防安全管理人，组织实施本单位的消防安全管理工作；

（二）建立消防档案，确定消防安全重点部位，设置防火标志，实行严格管理；

（三）实行每日防火巡查，并建立巡查记录；

（四）对职工进行岗前消防安全培训，定期组织消防安全培训和消防演练。

第十八条　同一建筑物由两个以上单位管理或者使用的，应当明确各方的消防安全责任，并确定责任人对共用的疏散通道、安全出口、建筑消防设施和消防车通道进行统一管理。

住宅区的物业服务企业应当对管理区域内的共用消防设施进行维护管理，提供消防安全防范服务。

第十九条 生产、储存、经营易燃易爆危险品的场所不得与居住场所设置在同一建筑物内，并应当与居住场所保持安全距离。

生产、储存、经营其他物品的场所与居住场所设置在同一建筑物内的，应当符合国家工程建设消防技术标准。

第二十条 举办大型群众性活动，承办人应当依法向公安机关申请安全许可，制定灭火和应急疏散预案并组织演练，明确消防安全责任分工，确定消防安全管理人员，保持消防设施和消防器材配置齐全、完好有效，保证疏散通道、安全出口、疏散指示标志、应急照明和消防车通道符合消防技术标准和管理规定。

第二十一条 禁止在具有火灾、爆炸危险的场所吸烟、使用明火。因施工等特殊情况需要使用明火作业的，应当按照规定事先办理审批手续，采取相应的消防安全措施；作业人员应当遵守消防安全规定。

进行电焊、气焊等具有火灾危险作业的人员和自动消防系统的操作人员，必须持证上岗，并遵守消防安全操作规程。

第二十二条 生产、储存、装卸易燃易爆危险品的工厂、仓库和专用车站、码头的设置，应当符合消防技术标准。易燃易爆气体和液体的充装站、供应站、调压站，应当设置在符合消防安全要求的位置，并符合防火防爆要求。

已经设置的生产、储存、装卸易燃易爆危险品的工厂、仓库和专用车站、码头，易燃易爆气体和液体的充装站、供应站、调压站，不再符合前款规定的，地方人民政府应当组织、协调有关部门、单位限期解决，消除安全隐患。

第二十三条 生产、储存、运输、销售、使用、销毁易燃易爆危险品，必须执行消防技术标准和管理规定。

进入生产、储存易燃易爆危险品的场所，必须执行消防安全规定。禁止非法携带易燃易爆危险品进入公共场所或者乘坐公共交通工具。

储存可燃物资仓库的管理，必须执行消防技术标准和管理规定。

第二十四条 消防产品必须符合国家标准；没有国家标准的，必须符合行业标准。禁止生产、销售或者使用不合格的消防产品以及国家明令淘汰的消防产品。

依法实行强制性产品认证的消防产品，由具有法定资质的认证机构按照国家标准、行业标准的强制性要求认证合格后，方可生产、销售、使用。实行强制性产品认证的消防产品目录，由国务院产品质量监督部门会同国务院公安部门制定并公布。

新研制的尚未制定国家标准、行业标准的消防产品，应当按照国务院产品质量监督部门会同国务院公安部门规定的办法，经技术鉴定符合消防安全要求的，方可生产、销售、使用。

依照本条规定经强制性产品认证合格或者技术鉴定合格的消防产品，国务院公安部门消防机构应当予以公布。

第二十五条 产品质量监督部门、工商行政管理部门、公安机关消防机构应当按照各自职责加强对消防产品质量的监督检查。

第二十六条 建筑构件、建筑材料和室内装修、装饰材料的防火性能必须符合国家标准；没有国家标准的，必须符合行业标准。

人员密集场所室内装修、装饰，应当按照消防技术标准的要求，使用不燃、难燃材料。

第二十七条 电器产品、燃气用具的产品标准，应当符合消防安全的要求。

电器产品、燃气用具的安装、使用及其线路、管路的设计、敷设、维护保养、检测，必须符合消防技术标准和管理规定。

第二十八条 任何单位、个人不得损坏、挪用或者擅自拆除、停用消防设施、器材，不得埋压、圈占、遮挡消火栓或者占用防火间距，不得占用、堵塞、封闭疏散通道、安全出口、消防车通道。人员密集场所的门窗不得设置影响逃生和灭火救援的障碍物。

第二十九条　负责公共消防设施维护管理的单位，应当保持消防供水、消防通信、消防车通道等公共消防设施的完好有效。在修建道路以及停电、停水、截断通信线路时有可能影响消防队灭火救援的，有关单位必须事先通知当地公安机关消防机构。

第三十条　地方各级人民政府应当加强对农村消防工作的领导，采取措施加强公共消防设施建设，组织建立和督促落实消防安全责任制。

第三十一条　在农业收获季节、森林和草原防火期间、重大节假日期间以及火灾多发季节，地方各级人民政府应当组织开展有针对性的消防宣传教育，采取防火措施，进行消防安全检查。

第三十二条　乡镇人民政府、城市街道办事处应当指导、支持和帮助村民委员会、居民委员会开展群众性的消防工作。村民委员会、居民委员会应当确定消防安全管理人，组织制定防火安全公约，进行防火安全检查。

第三十三条　国家鼓励、引导公众聚集场所和生产、储存、运输、销售易燃易爆危险品的企业投保火灾公众责任保险；鼓励保险公司承保火灾公众责任保险。

第三十四条　消防产品质量认证、消防设施检测、消防安全监测等消防技术服务机构和执业人员，应当依法获得相应的资质、资格；依照法律、行政法规、国家标准、行业标准和执业准则，接受委托提供消防技术服务，并对服务质量负责。

第三章　消防组织

第三十五条　各级人民政府应当加强消防组织建设，根据经济社会发展的需要，建立多种形式的消防组织，加强消防技术人才培养，增强火灾预防、扑救和应急救援的能力。

第三十六条　县级以上地方人民政府应当按照国家规定建立公

安消防队、专职消防队，并按照国家标准配备消防装备，承担火灾扑救工作。

乡镇人民政府应当根据当地经济发展和消防工作的需要，建立专职消防队、志愿消防队，承担火灾扑救工作。

第三十七条　公安消防队、专职消防队按照国家规定承担重大灾害事故和其他以抢救人员生命为主的应急救援工作。

第三十八条　公安消防队、专职消防队应当充分发挥火灾扑救和应急救援专业力量的骨干作用；按照国家规定，组织实施专业技能训练，配备并维护保养装备器材，提高火灾扑救和应急救援的能力。

第三十九条　下列单位应当建立单位专职消防队，承担本单位的火灾扑救工作：

（一）大型核设施单位、大型发电厂、民用机场、主要港口；

（二）生产、储存易燃易爆危险品的大型企业；

（三）储备可燃的重要物资的大型仓库、基地；

（四）第一项、第二项、第三项规定以外的火灾危险性较大、距离公安消防队较远的其他大型企业；

（五）距离公安消防队较远、被列为全国重点文物保护单位的古建筑群的管理单位。

第四十条　专职消防队的建立，应当符合国家有关规定，并报当地公安机关消防机构验收。

专职消防队的队员依法享受社会保险和福利待遇。

第四十一条　机关、团体、企业、事业等单位以及村民委员会、居民委员会根据需要，建立志愿消防队等多种形式的消防组织，开展群众性自防自救工作。

第四十二条　公安机关消防机构应当对专职消防队、志愿消防队等消防组织进行业务指导；根据扑救火灾的需要，可以调动指挥专职消防队参加火灾扑救工作。

第四章　灭火救援

第四十三条　县级以上地方人民政府应当组织有关部门针对本行政区域内的火灾特点制定应急预案，建立应急反应和处置机制，为火灾扑救和应急救援工作提供人员、装备等保障。

第四十四条　任何人发现火灾都应当立即报警。任何单位、个人都应当无偿为报警提供便利，不得阻拦报警。严禁谎报火警。

人员密集场所发生火灾，该场所的现场工作人员应当立即组织、引导在场人员疏散。

任何单位发生火灾，必须立即组织力量扑救。邻近单位应当给予支援。

消防队接到火警，必须立即赶赴火灾现场，救助遇险人员，排除险情，扑灭火灾。

第四十五条　公安机关消防机构统一组织和指挥火灾现场扑救，应当优先保障遇险人员的生命安全。

火灾现场总指挥根据扑救火灾的需要，有权决定下列事项：

（一）使用各种水源；

（二）截断电力、可燃气体和可燃液体的输送，限制用火用电；

（三）划定警戒区，实行局部交通管制；

（四）利用临近建筑物和有关设施；

（五）为了抢救人员和重要物资，防止火势蔓延，拆除或者破损毗邻火灾现场的建筑物、构筑物或者设施等；

（六）调动供水、供电、供气、通信、医疗救护、交通运输、环境保护等有关单位协助灭火救援。

根据扑救火灾的紧急需要，有关地方人民政府应当组织人员、调集所需物资支援灭火。

第四十六条　公安消防队、专职消防队参加火灾以外的其他重大灾害事故的应急救援工作，由县级以上人民政府统一领导。

第四十七条　消防车、消防艇前往执行火灾扑救或者应急救援任务，在确保安全的前提下，不受行驶速度、行驶路线、行驶方向和指挥信号的限制，其他车辆、船舶以及行人应当让行，不得穿插超越；收费公路、桥梁免收车辆通行费。交通管理指挥人员应当保证消防车、消防艇迅速通行。

赶赴火灾现场或者应急救援现场的消防人员和调集的消防装备、物资，需要铁路、水路或者航空运输的，有关单位应当优先运输。

第四十八条　消防车、消防艇以及消防器材、装备和设施，不得用于与消防和应急救援工作无关的事项。

第四十九条　公安消防队、专职消防队扑救火灾、应急救援，不得收取任何费用。

单位专职消防队、志愿消防队参加扑救外单位火灾所损耗的燃料、灭火剂和器材、装备等，由火灾发生地的人民政府给予补偿。

第五十条　对因参加扑救火灾或者应急救援受伤、致残或者死亡的人员，按照国家有关规定给予医疗、抚恤。

第五十一条　公安机关消防机构有权根据需要封闭火灾现场，负责调查火灾原因，统计火灾损失。

火灾扑灭后，发生火灾的单位和相关人员应当按照公安机关消防机构的要求保护现场，接受事故调查，如实提供与火灾有关的情况。

公安机关消防机构根据火灾现场勘验、调查情况和有关的检验、鉴定意见，及时制作火灾事故认定书，作为处理火灾事故的证据。

第五章　监督检查

第五十二条　地方各级人民政府应当落实消防工作责任制，对本级人民政府有关部门履行消防安全职责的情况进行监督检查。

县级以上地方人民政府有关部门应当根据本系统的特点，有针对性地开展消防安全检查，及时督促整改火灾隐患。

第五十三条 公安机关消防机构应当对机关、团体、企业、事业等单位遵守消防法律、法规的情况依法进行监督检查。公安派出所可以负责日常消防监督检查、开展消防宣传教育，具体办法由国务院公安部门规定。

公安机关消防机构、公安派出所的工作人员进行消防监督检查，应当出示证件。

第五十四条 公安机关消防机构在消防监督检查中发现火灾隐患的，应当通知有关单位或者个人立即采取措施消除隐患；不及时消除隐患可能严重威胁公共安全的，公安机关消防机构应当依照规定对危险部位或者场所采取临时查封措施。

第五十五条 公安机关消防机构在消防监督检查中发现城乡消防安全布局、公共消防设施不符合消防安全要求，或者发现本地区存在影响公共安全的重大火灾隐患的，应当由公安机关书面报告本级人民政府。

接到报告的人民政府应当及时核实情况，组织或者责成有关部门、单位采取措施，予以整改。

第五十六条 公安机关消防机构及其工作人员应当按照法定的职权和程序进行消防设计审核、消防验收和消防安全检查，做到公正、严格、文明、高效。

公安机关消防机构及其工作人员进行消防设计审核、消防验收和消防安全检查等，不得收取费用，不得利用消防设计审核、消防验收和消防安全检查谋取利益。公安机关消防机构及其工作人员不得利用职务为用户、建设单位指定或者变相指定消防产品的品牌、销售单位或者消防技术服务机构、消防设施施工单位。

第五十七条 公安机关消防机构及其工作人员执行职务，应当自觉接受社会和公民的监督。

任何单位和个人都有权对公安机关消防机构及其工作人员在执法中的违法行为进行检举、控告。收到检举、控告的机关，应当按照职责及时查处。

第六章　法律责任

第五十八条　违反本法规定，有下列行为之一的，责令停止施工、停止使用或者停产停业，并处三万元以上三十万元以下罚款：

（一）依法应当经公安机关消防机构进行消防设计审核的建设工程，未经依法审核或者审核不合格，擅自施工的；

（二）消防设计经公安机关消防机构依法抽查不合格，不停止施工的；

（三）依法应当进行消防验收的建设工程，未经消防验收或者消防验收不合格，擅自投入使用的；

（四）建设工程投入使用后经公安机关消防机构依法抽查不合格，不停止使用的；

（五）公众聚集场所未经消防安全检查或者经检查不符合消防安全要求，擅自投入使用、营业的。

建设单位未依照本法规定将消防设计文件报公安机关消防机构备案，或者在竣工后未依照本法规定报公安机关消防机构备案的，责令限期改正，处五千元以下罚款。

第五十九条　违反本法规定，有下列行为之一的，责令改正或者停止施工，并处一万元以上十万元以下罚款：

（一）建设单位要求建筑设计单位或者建筑施工企业降低消防技术标准设计、施工的；

（二）建筑设计单位不按照消防技术标准强制性要求进行消防设计的；

（三）建筑施工企业不按照消防设计文件和消防技术标准施工，降低消防施工质量的；

（四）工程监理单位与建设单位或者建筑施工企业串通，弄虚作假，降低消防施工质量的。

第六十条 单位违反本法规定，有下列行为之一的，责令改正，处五千元以上五万元以下罚款：

（一）消防设施、器材或者消防安全标志的配置、设置不符合国家标准、行业标准，或者未保持完好有效的；

（二）损坏、挪用或者擅自拆除、停用消防设施、器材的；

（三）占用、堵塞、封闭疏散通道、安全出口或者有其他妨碍安全疏散行为的；

（四）埋压、圈占、遮挡消火栓或者占用防火间距的；

（五）占用、堵塞、封闭消防车通道，妨碍消防车通行的；

（六）人员密集场所在门窗上设置影响逃生和灭火救援的障碍物的；

（七）对火灾隐患经公安机关消防机构通知后不及时采取措施消除的。

个人有前款第二项、第三项、第四项、第五项行为之一的，处警告或者五百元以下罚款。

有本条第一款第三项、第四项、第五项、第六项行为，经责令改正拒不改正的，强制执行，所需费用由违法行为人承担。

第六十一条 生产、储存、经营易燃易爆危险品的场所与居住场所设置在同一建筑物内，或者未与居住场所保持安全距离的，责令停产停业，并处五千元以上五万元以下罚款。

生产、储存、经营其他物品的场所与居住场所设置在同一建筑物内，不符合消防技术标准的，依照前款规定处罚。

第六十二条 有下列行为之一的，依照《中华人民共和国治安管理处罚法》的规定处罚：

（一）违反有关消防技术标准和管理规定生产、储存、运输、销售、使用、销毁易燃易爆危险品的；

（二）非法携带易燃易爆危险品进入公共场所或者乘坐公共交通工具的；

（三）谎报火警的；

（四）阻碍消防车、消防艇执行任务的；

（五）阻碍公安机关消防机构的工作人员依法执行职务的。

第六十三条 违反本法规定，有下列行为之一的，处警告或者五百元以下罚款；情节严重的，处五日以下拘留：

（一）违反消防安全规定进入生产、储存易燃易爆危险品场所的；

（二）违反规定使用明火作业或者在具有火灾、爆炸危险的场所吸烟、使用明火的。

第六十四条 违反本法规定，有下列行为之一，尚不构成犯罪的，处十日以上十五日以下拘留，可以并处五百元以下罚款；情节较轻的，处警告或者五百元以下罚款：

（一）指使或者强令他人违反消防安全规定，冒险作业的；

（二）过失引起火灾的；

（三）在火灾发生后阻拦报警，或者负有报告职责的人员不及时报警的；

（四）扰乱火灾现场秩序，或者拒不执行火灾现场指挥员指挥，影响灭火救援的；

（五）故意破坏或者伪造火灾现场的；

（六）擅自拆封或者使用被公安机关消防机构查封的场所、部位的。

第六十五条 违反本法规定，生产、销售不合格的消防产品或者国家明令淘汰的消防产品的，由产品质量监督部门或者工商行政管理部门依照《中华人民共和国产品质量法》的规定从重处罚。

人员密集场所使用不合格的消防产品或者国家明令淘汰的消防产品的，责令限期改正；逾期不改正的，处五千元以上五万元以下罚款，并对其直接负责的主管人员和其他直接责任人员处五百元以上二千元以下罚款；情节严重的，责令停产停业。

公安机关消防机构对于本条第二款规定的情形，除依法对使用者予以处罚外，应当将发现不合格的消防产品和国家明令淘汰的消防产品的情况通报产品质量监督部门、工商行政管理部门。产品质量监督部门、工商行政管理部门应当对生产者、销售者依法及时查处。

第六十六条 电器产品、燃气用具的安装、使用及其线路、管路的设计、敷设、维护保养、检测不符合消防技术标准和管理规定的，责令限期改正；逾期不改正的，责令停止使用，可以并处一千元以上五千元以下罚款。

第六十七条 机关、团体、企业、事业等单位违反本法第十六条、第十七条、第十八条、第二十一条第二款规定的，责令限期改正；逾期不改正的，对其直接负责的主管人员和其他直接责任人员依法给予处分或者给予警告处罚。

第六十八条 人员密集场所发生火灾，该场所的现场工作人员不履行组织、引导在场人员疏散的义务，情节严重，尚不构成犯罪的，处五日以上十日以下拘留。

第六十九条 消防产品质量认证、消防设施检测等消防技术服务机构出具虚假文件的，责令改正，处五万元以上十万元以下罚款，并对直接负责的主管人员和其他直接责任人员处一万元以上五万元以下罚款；有违法所得的，并处没收违法所得；给他人造成损失的，依法承担赔偿责任；情节严重的，由原许可机关依法责令停止执业或者吊销相应资质、资格。

前款规定的机构出具失实文件，给他人造成损失的，依法承担赔偿责任；造成重大损失的，由原许可机关依法责令停止执业或者吊销相应资质、资格。

第七十条 本法规定的行政处罚，除本法另有规定的外，由公安机关消防机构决定；其中拘留处罚由县级以上公安机关依照《中华人民共和国治安管理处罚法》的有关规定决定。

公安机关消防机构需要传唤消防安全违法行为人的，依照《中华人民共和国治安管理处罚法》的有关规定执行。

被责令停止施工、停止使用、停产停业的，应当在整改后向公安机关消防机构报告，经公安机关消防机构检查合格，方可恢复施工、使用、生产、经营。

当事人逾期不执行停产停业、停止使用、停止施工决定的，由作出决定的公安机关消防机构强制执行。

责令停产停业，对经济和社会生活影响较大的，由公安机关消防机构提出意见，并由公安机关报请本级人民政府依法决定。本级人民政府组织公安机关等部门实施。

第七十一条 公安机关消防机构的工作人员滥用职权、玩忽职守、徇私舞弊，有下列行为之一，尚不构成犯罪的，依法给予处分：

（一）对不符合消防安全要求的消防设计文件、建设工程、场所准予审核合格、消防验收合格、消防安全检查合格的；

（二）无故拖延消防设计审核、消防验收、消防安全检查，不在法定期限内履行职责的；

（三）发现火灾隐患不及时通知有关单位或者个人整改的；

（四）利用职务为用户、建设单位指定或者变相指定消防产品的品牌、销售单位或者消防技术服务机构、消防设施施工单位的；

（五）将消防车、消防艇以及消防器材、装备和设施用于与消防和应急救援无关的事项的；

（六）其他滥用职权、玩忽职守、徇私舞弊的行为。

建设、产品质量监督、工商行政管理等其他有关行政主管部门的工作人员在消防工作中滥用职权、玩忽职守、徇私舞弊,尚不构成犯罪的,依法给予处分。

第七十二条　违反本法规定,构成犯罪的,依法追究刑事责任。

第七章　附　则

第七十三条　本法下列用语的含义:

(一)消防设施,是指火灾自动报警系统、自动灭火系统、消火栓系统、防烟排烟系统以及应急广播和应急照明、安全疏散设施等。

(二)消防产品,是指专门用于火灾预防、灭火救援和火灾防护、避难、逃生的产品。

(三)公众聚集场所,是指宾馆、饭店、商场、集贸市场、客运车站候车室、客运码头候船厅、民用机场航站楼、体育场馆、会堂以及公共娱乐场所等。

(四)人员密集场所,是指公众聚集场所,医院的门诊楼、病房楼,学校的教学楼、图书馆、食堂和集体宿舍,养老院、福利院,托儿所,幼儿园,公共图书馆的阅览室,公共展览馆、博物馆的展示厅,劳动密集型企业的生产加工车间和员工集体宿舍,旅游、宗教活动场所等。

第七十四条　本法自 2009 年 5 月 1 日起施行。

附　录

机关、团体、企业、事业单位
消防安全管理规定

中华人民共和国公安部令
第 61 号

《机关、团体、企业、事业单位消防安全管理规定》
已经 2001 年 10 月 19 日公安部部长办公会议通过，现予发
布，自 2002 年 5 月 1 日起施行。

公安部部长

二〇〇一年十一月十四日

第一章　总　则

第一条　为了加强和规范机关、团体、企业、事业单位的消防
安全管理，预防火灾和减少火灾危害，根据《中华人民共和国消防
法》，制定本规定。

第二条　本规定适用于中华人民共和国境内的机关、团体、企
业、事业单位（以下统称单位）自身的消防安全管理。

法律、法规另有规定的除外。

第三条　单位应当遵守消防法律、法规、规章（以下统称消防
法规），贯彻预防为主、防消结合的消防工作方针，履行消防安全

职责，保障消防安全。

第四条 法人单位的法定代表人或者非法人单位的主要负责人是单位的消防安全责任人，对本单位的消防安全工作全面负责。

第五条 单位应当落实逐级消防安全责任制和岗位消防安全责任制，明确逐级和岗位消防安全职责，确定各级、各岗位的消防安全责任人。

第二章 消防安全责任

第六条 单位的消防安全责任人应当履行下列消防安全职责：

（一）贯彻执行消防法规，保障单位消防安全符合规定，掌握本单位的消防安全情况；

（二）将消防工作与本单位的生产、科研、经营、管理等活动统筹安排，批准实施年度消防工作计划；

（三）为本单位的消防安全提供必要的经费和组织保障；

（四）确定逐级消防安全责任，批准实施消防安全制度和保障消防安全的操作规程；

（五）组织防火检查，督促落实火灾隐患整改，及时处理涉及消防安全的重大问题；

（六）根据消防法规的规定建立专职消防队、义务消防队；

（七）组织制定符合本单位实际的灭火和应急疏散预案，并实施演练。

第七条 单位可以根据需要确定本单位的消防安全管理人。消防安全管理人对单位的消防安全责任人负责，实施和组织落实下列消防安全管理工作：

（一）拟订年度消防工作计划，组织实施日常消防安全管理工作；

（二）组织制订消防安全制度和保障消防安全的操作规程并检查督促其落实；

（三）拟订消防安全工作的资金投入和组织保障方案；

（四）组织实施防火检查和火灾隐患整改工作；

（五）组织实施对本单位消防设施、灭火器材和消防安全标志的维护保养，确保其完好有效，确保疏散通道和安全出口畅通；

（六）组织管理专职消防队和义务消防队；

（七）在员工中组织开展消防知识、技能的宣传教育和培训，组织灭火和应急疏散预案的实施和演练；

（八）单位消防安全责任人委托的其他消防安全管理工作。

消防安全管理人应当定期向消防安全责任人报告消防安全情况，及时报告涉及消防安全的重大问题。未确定消防安全管理人的单位，前款规定的消防安全管理工作由单位消防安全责任人负责实施。

第八条　实行承包、租赁或者委托经营、管理时，产权单位应当提供符合消防安全要求的建筑物，当事人在订立的合同中依照有关规定明确各方的消防安全责任；消防车通道、涉及公共消防安全的疏散设施和其他建筑消防设施应当由产权单位或者委托管理的单位统一管理。

承包、承租或者受委托经营、管理的单位应当遵守本规定，在其使用、管理范围内履行消防安全职责。

第九条　对于有两个以上产权单位和使用单位的建筑物，各产权单位、使用单位对消防车通道、涉及公共消防安全的疏散设施和其他建筑消防设施应当明确管理责任，可以委托统一管理。

第十条　居民住宅区的物业管理单位应当在管理范围内履行下列消防安全职责：

（一）制定消防安全制度，落实消防安全责任，开展消防安全宣传教育；

（二）开展防火检查，消除火灾隐患；

（三）保障疏散通道、安全出口、消防车通道畅通；

（四）保障公共消防设施、器材以及消防安全标志完好有效。

其他物业管理单位应当对受委托管理范围内的公共消防安全管理工作负责。

第十一条　举办集会、焰火晚会、灯会等具有火灾危险的大型活动的主办单位、承办单位以及提供场地的单位，应当在订立的合同中明确各方的消防安全责任。

第十二条　建筑工程施工现场的消防安全由施工单位负责。实行施工总承包的，由总承包单位负责。分包单位向总承包单位负责，服从总承包单位对施工现场的消防安全管理。

对建筑物进行局部改建、扩建和装修的工程，建设单位应当与施工单位在订立的合同中明确各方对施工现场的消防安全责任。

第三章　消防安全管理

第十三条　下列范围的单位是消防安全重点单位，应当按照本规定的要求，实行严格管理：

（一）商场（市场）、宾馆（饭店）、体育场（馆）、会堂、公共娱乐场所等公众聚集场所（以下统称公众聚集场所）；

（二）医院、养老院和寄宿制的学校、托儿所、幼儿园；

（三）国家机关；

（四）广播电台、电视台和邮政、通信枢纽；

（五）客运车站、码头、民用机场；

（六）公共图书馆、展览馆、博物馆、档案馆以及具有火灾危险性的文物保护单位；

（七）发电厂（站）和电网经营企业；

（八）易燃易爆化学物品的生产、充装、储存、供应、销售单位；

（九）服装、制鞋等劳动密集型生产、加工企业；

（十）重要的科研单位；

（十一）其他发生火灾可能性较大以及一旦发生火灾可能造成重大人身伤亡或者财产损失的单位。

高层办公楼（写字楼）、高层公寓楼等高层公共建筑，城市地下铁道、地下观光隧道等地下公共建筑和城市重要的交通隧道，粮、棉、木材、百货等物资集中的大型仓库和堆场，国家和省级等重点工程的施工现场，应当按照本规定对消防安全重点单位的要求，实行严格管理。

第十四条 消防安全重点单位及其消防安全责任人、消防安全管理人应当报当地公安消防机构备案。

第十五条 消防安全重点单位应当设置或者确定消防工作的归口管理职能部门，并确定专职或者兼职的消防管理人员；其他单位应当确定专职或者兼职消防管理人员，可以确定消防工作的归口管理职能部门。归口管理职能部门和专兼职消防管理人员在消防安全责任人或者消防安全管理人的领导下开展消防安全管理工作。

第十六条 公众聚集场所应当在具备下列消防安全条件后，向当地公安消防机构申报进行消防安全检查，经检查合格后方可开业使用：

（一）依法办理建筑工程消防设计审核手续，并经消防验收合格；

（二）建立健全消防安全组织，消防安全责任明确；

（三）建立消防安全管理制度和保障消防安全的操作规程；

（四）员工经过消防安全培训；

（五）建筑消防设施齐全、完好有效；

（六）制定灭火和应急疏散预案。

第十七条 举办集会、焰火晚会、灯会等具有火灾危险的大型活动，主办或者承办单位应当在具备消防安全条件后，向公安消防机构申报对活动现场进行消防安全检查，经检查合格后方可举办。

第十八条 单位应当按照国家有关规定，结合本单位的特点，建立健全各项消防安全制度和保障消防安全的操作规程，并公布执行。

单位消防安全制度主要包括以下内容：消防安全教育、培训；防火巡查、检查；安全疏散设施管理；消防（控制室）值班；消防设施、器材维护管理；火灾隐患整改；用火、用电安全管理；易燃易爆危险物品和场所防火防爆；专职和义务消防队的组织管理；灭火和应急疏散预案演练；燃气和电气设备的检查和管理（包括防雷、防静电）；消防安全工作考评和奖惩；其他必要的消防安全内容。

第十九条 单位应当将容易发生火灾、一旦发生火灾可能严重危及人身和财产安全以及对消防安全有重大影响的部位确定为消防安全重点部位，设置明显的防火标志，实行严格管理。

第二十条 单位应当对动用明火实行严格的消防安全管理。禁止在具有火灾、爆炸危险的场所使用明火；因特殊情况需要进行电、气焊等明火作业的，动火部门和人员应当按照单位的用火管理制度办理审批手续，落实现场监护人，在确认无火灾、爆炸危险后方可动火施工。动火施工人员应当遵守消防安全规定，并落实相应的消防安全措施。

公众聚集场所或者两个以上单位共同使用的建筑物局部施工需要使用明火时，施工单位和使用单位应当共同采取措施，将施工区和使用区进行防火分隔，清除动火区域的易燃、可燃物，配置消防器材，专人监护，保证施工及使用范围的消防安全。

公共娱乐场所在营业期间禁止动火施工。

第二十一条 单位应当保障疏散通道、安全出口畅通，并设置符合国家规定的消防安全疏散指示标志和应急照明设施，保持防火门、防火卷帘、消防安全疏散指示标志、应急照明、机械排烟送风、火灾事故广播等设施处于正常状态。

严禁下列行为：

（一）占用疏散通道；

（二）在安全出口或者疏散通道上安装栅栏等影响疏散的障碍物；

（三）在营业、生产、教学、工作等期间将安全出口上锁、遮挡或者将消防安全疏散指示标志遮挡、覆盖；

（四）其他影响安全疏散的行为。

第二十二条 单位应当遵守国家有关规定，对易燃易爆危险物品的生产、使用、储存、销售、运输或者销毁实行严格的消防安全管理。

第二十三条 单位应当根据消防法规的有关规定，建立专职消防队、义务消防队，配备相应的消防装备、器材，并组织开展消防业务学习和灭火技能训练，提高预防和扑救火灾的能力。

第二十四条 单位发生火灾时，应当立即实施灭火和应急疏散预案，务必做到及时报警，迅速扑救火灾，及时疏散人员。邻近单位应当给予支援。任何单位、人员都应当无偿为报火警提供便利，不得阻拦报警。

单位应当为公安消防机构抢救人员、扑救火灾提供便利和条件。

火灾扑灭后，起火单位应当保护现场，接受事故调查，如实提供火灾事故的情况，协助公安消防机构调查火灾原因，核定火灾损失，查明火灾事故责任。未经公安消防机构同意，不得擅自清理火灾现场。

第四章　防火检查

第二十五条 消防安全重点单位应当进行每日防火巡查，并确定巡查的人员、内容、部位和频次。其他单位可以根据需要组织防火巡查。巡查的内容应当包括：

（一）用火、用电有无违章情况；

（二）安全出口、疏散通道是否畅通，安全疏散指示标志、应急照明是否完好；

（三）消防设施、器材和消防安全标志是否在位、完整；

（四）常闭式防火门是否处于关闭状态，防火卷帘下是否堆放物品影响使用；

（五）消防安全重点部位的人员在岗情况；

（六）其他消防安全情况。

公众聚集场所在营业期间的防火巡查应当至少每二小时一次；营业结束时应当对营业现场进行检查，消除遗留火种。医院、养老院、寄宿制的学校、托儿所、幼儿园应当加强夜间防火巡查，其他消防安全重点单位可以结合实际组织夜间防火巡查。

防火巡查人员应当及时纠正违章行为，妥善处置火灾危险，无法当场处置的，应当立即报告。发现初起火灾应当立即报警并及时扑救。

防火巡查应当填写巡查记录，巡查人员及其主管人员应当在巡查记录上签名。

第二十六条　机关、团体、事业单位应当至少每季度进行一次防火检查，其他单位应当至少每月进行一次防火检查。检查的内容应当包括：

（一）火灾隐患的整改情况以及防范措施的落实情况；

（二）安全疏散通道、疏散指示标志、应急照明和安全出口情况；

（三）消防车通道、消防水源情况；

（四）灭火器材配置及有效情况；

（五）用火、用电有无违章情况；

（六）重点工种人员以及其他员工消防知识的掌握情况；

（七）消防安全重点部位的管理情况；

（八）易燃易爆危险物品和场所防火防爆措施的落实情况以及

其他重要物资的防火安全情况；

（九）消防（控制室）值班情况和设施运行、记录情况；

（十）防火巡查情况；

（十一）消防安全标志的设置情况和完好、有效情况；

（十二）其他需要检查的内容。

防火检查应当填写检查记录。检查人员和被检查部门负责人应当在检查记录上签名。

第二十七条 单位应当按照建筑消防设施检查维修保养有关规定的要求，对建筑消防设施的完好有效情况进行检查和维修保养。

第二十八条 设有自动消防设施的单位，应当按照有关规定定期对其自动消防设施进行全面检查测试，并出具检测报告，存档备查。

第二十九条 单位应当按照有关规定定期对灭火器进行维护保养和维修检查。对灭火器应当建立档案资料，记明配置类型、数量、设置位置、检查维修单位（人员）、更换药剂的时间等有关情况。

第五章 火灾隐患整改

第三十条 单位对存在的火灾隐患，应当及时予以消除。

第三十一条 对下列违反消防安全规定的行为，单位应当责成有关人员当场改正并督促落实：

（一）违章进入生产、储存易燃易爆危险物品场所的；

（二）违章使用明火作业或者在具有火灾、爆炸危险的场所吸烟、使用明火等违反禁令的；

（三）将安全出口上锁、遮挡，或者占用、堆放物品影响疏散通道畅通的；

（四）消火栓、灭火器材被遮挡影响使用或者被挪作他用的；

（五）常闭式防火门处于开启状态，防火卷帘下堆放物品影响使用的；

（六）消防设施管理、值班人员和防火巡查人员脱岗的；

（七）违章关闭消防设施、切断消防电源的；

（八）其他可以当场改正的行为。

违反前款规定的情况以及改正情况应当有记录并存档备查。

第三十二条 对不能当场改正的火灾隐患，消防工作归口管理职能部门或者专兼职消防管理人员应当根据本单位的管理分工，及时将存在的火灾隐患向单位的消防安全管理人或者消防安全责任人报告，提出整改方案。消防安全管理人或者消防安全责任人应当确定整改的措施、期限以及负责整改的部门、人员，并落实整改资金。

在火灾隐患未消除之前，单位应当落实防范措施，保障消防安全。不能确保消防安全，随时可能引发火灾或者一旦发生火灾将严重危及人身安全的，应当将危险部位停产停业整改。

第三十三条 火灾隐患整改完毕，负责整改的部门或者人员应当将整改情况记录报送消防安全责任人或者消防安全管理人签字确认后存档备查。

第三十四条 对于涉及城市规划布局而不能自身解决的重大火灾隐患，以及机关、团体、事业单位确无能力解决的重大火灾隐患，单位应当提出解决方案并及时向其上级主管部门或者当地人民政府报告。

第三十五条 对公安消防机构责令限期改正的火灾隐患，单位应当在规定的期限内改正并写出火灾隐患整改复函，报送公安消防机构。

第六章 消防安全宣传教育和培训

第三十六条 单位应当通过多种形式开展经常性的消防安全宣传教育。消防安全重点单位对每名员工应当至少每年进行一次消防安全培训。宣传教育和培训内容应当包括：

（一）有关消防法规、消防安全制度和保障消防安全的操作规程；

（二）本单位、本岗位的火灾危险性和防火措施；

（三）有关消防设施的性能、灭火器材的使用方法；

（四）报火警、扑救初起火灾以及自救逃生的知识和技能。

公众聚集场所对员工的消防安全培训应当至少每半年进行一次，培训的内容还应当包括组织、引导在场群众疏散的知识和技能。

单位应当组织新上岗和进入新岗位的员工进行上岗前的消防安全培训。

第三十七条　公众聚集场所在营业、活动期间，应当通过张贴图画、广播、闭路电视等向公众宣传防火、灭火、疏散逃生等常识。

学校、幼儿园应当通过寓教于乐等多种形式对学生和幼儿进行消防安全常识教育。

第三十八条　下列人员应当接受消防安全专门培训：

（一）单位的消防安全责任人、消防安全管理人；

（二）专、兼职消防管理人员；

（三）消防控制室的值班、操作人员；

（四）其他依照规定应当接受消防安全专门培训的人员。

前款规定中的第（三）项人员应当持证上岗。

第七章　灭火、应急疏散预案和演练

第三十九条　消防安全重点单位制定的灭火和应急疏散预案应当包括下列内容：

（一）组织机构，包括：灭火行动组、通讯联络组、疏散引导组、安全防护救护组；

（二）报警和接警处置程序；

（三）应急疏散的组织程序和措施；

（四）扑救初起火灾的程序和措施；

（五）通讯联络、安全防护救护的程序和措施。

第四十条 消防安全重点单位应当按照灭火和应急疏散预案，至少每半年进行一次演练，并结合实际，不断完善预案。其他单位应当结合本单位实际，参照制定相应的应急方案，至少每年组织一次演练。

消防演练时，应当设置明显标识并事先告知演练范围内的人员。

第八章　消防档案

第四十一条 消防安全重点单位应当建立健全消防档案。消防档案应当包括消防安全基本情况和消防安全管理情况。消防档案应当详实，全面反映单位消防工作的基本情况，并附有必要的图表，根据情况变化及时更新。

单位应当对消防档案统一保管、备查。

第四十二条 消防安全基本情况应当包括以下内容：

（一）单位基本概况和消防安全重点部位情况；

（二）建筑物或者场所施工、使用或者开业前的消防设计审核、消防验收以及消防安全检查的文件、资料；

（三）消防管理组织机构和各级消防安全责任人；

（四）消防安全制度；

（五）消防设施、灭火器材情况；

（六）专职消防队、义务消防队人员及其消防装备配备情况；

（七）与消防安全有关的重点工种人员情况；

（八）新增消防产品、防火材料的合格证明材料；

（九）灭火和应急疏散预案。

第四十三条 消防安全管理情况应当包括以下内容：

（一）公安消防机构填发的各种法律文书；

（二）消防设施定期检查记录、自动消防设施全面检查测试的报告以及维修保养的记录；

（三）火灾隐患及其整改情况记录；

（四）防火检查、巡查记录；

（五）有关燃气、电气设备检测（包括防雷、防静电）等记录资料；

（六）消防安全培训记录；

（七）灭火和应急疏散预案的演练记录；

（八）火灾情况记录；

（九）消防奖惩情况记录。

前款规定中的第（二）、（三）、（四）、（五）项记录，应当记明检查的人员、时间、部位、内容、发现的火灾隐患以及处理措施等；第（六）项记录，应当记明培训的时间、参加人员、内容等；第（七）项记录，应当记明演练的时间、地点、内容、参加部门以及人员等。

第四十四条 其他单位应当将本单位的基本概况、公安消防机构填发的各种法律文书、与消防工作有关的材料和记录等统一保管备查。

第九章　奖　惩

第四十五条 单位应当将消防安全工作纳入内部检查、考核、评比内容。对在消防安全工作中成绩突出的部门（班组）和个人，单位应当给予表彰奖励。对未依法履行消防安全职责或者违反单位消防安全制度的行为，应当依照有关规定对责任人员给予行政纪律处分或者其他处理。

第四十六条 违反本规定，依法应当给予行政处罚的，依照有关法律、法规予以处罚；构成犯罪的，依法追究刑事责任。

第十章 附 则

第四十七条 公安消防机构对本规定的执行情况依法实施监督，并对自身滥用职权、玩忽职守、徇私舞弊的行为承担法律责任。

第四十八条 本规定自 2002 年 5 月 1 日起施行。本规定施行以前公安部发布的规章中的有关规定与本规定不一致的，以本规定为准。

关于进一步落实消防工作责任制的若干意见

公安部 监察部 国家安全生产监督管理局关于印发
《关于进一步落实消防工作责任制的若干意见》的通知
公发〔2004〕4号

各省、自治区、直辖市人民政府：

经国务院同意，现将《关于进一步落实消防工作责任制的若干意见》印发给你们，请进行广泛宣传，认真组织贯彻执行。

中华人民共和国公安部
中华人民共和国监察部
国家安全生产监督管理局
二○○四年四月二十八日

消防工作事关人民群众的生命财产安全，事关经济发展和社会稳定大局，责任重于泰山。为切实加强消防工作，落实责任制，有效遏制重特大火灾尤其是群死群伤火灾事故的发生，根据《中华人民共和国消防法》、《中华人民共和国安全生产法》和《国务院关于特大安全事故行政责任追究的规定》等法律、行政法规的规定，经国务院同意，提出如下意见：

一、社会各单位要依法落实消防安全责任

（一）单位的主要负责人对本单位的消防安全工作负责。

（二）单位应遵守消防法律、法规、规章，依法履行消防安全职责。要建立健全消防安全制度，明确并落实逐级和岗位消防安全责任制，确定主管负责人和专兼职消防管理人员，建立并落实消防安全自我管理、自我检查、自我整改机制，确保本单位消防安全。

（三）人员密集场所和易燃易爆单位，应加强每日防火巡查，定期进行全面的防火检查，及时纠正违章行为，并制定灭火和应急疏散预案，定期组织演练。

（四）保障消防水源充足，消防设施、灭火器材和消防安全标志完好有效。严禁堵塞、占用疏散通道和锁闭安全出口，确保畅通。

（五）及时消除火灾隐患。对存在的火灾隐患，能够当场改正的，必须当场改正；不能当场改正的，必须落实整改措施、期限、资金和责任。在火灾隐患整改期间，必须采取措施，确保不发生火灾；不能确保消防安全的，要自行将危险部位停产停业整改。

（六）加强消防宣传教育和培训，提高员工的消防安全意识和自防自救能力，做到会报火警，会扑救初起火灾，会自救逃生。营业性场所应标明疏散通道和安全出口并保障畅通。同时，向顾客宣传防火、灭火、逃生自救常识。学校、幼儿园应通过寓教于乐等形式对学生和幼儿进行消防安全常识教育。

（七）单位专职或义务消防队，应配备相应的消防装备和器材，开展灭火技能训练，提高预防和扑救火灾的能力。

（八）发生火灾后，必须立即报警，组织和引导在场人员疏散，扑救初起火灾。

（九）单位未依法履行消防安全职责发生火灾事故的，对其直接负责的主管人员和其他直接责任人员依法给予行政处分、行政处罚；经公安消防机构通知限期整改，逾期不改发生火灾事故，构成犯罪的，依法追究刑事责任。

二、公安消防机构要依法履行消防监督和灭火职责

（十）公安消防机构要依照法律、法规和规章的规定，认真履行消防监督和灭火救援职责。

（十一）依法对单位遵守消防法律、法规和规章的情况进行监

督检查，查处消防违法行为，定期公布本地区重大火灾隐患情况。

（十二）对监督检查发现的火灾隐患，依法责令当场改正；当场不能改正的，责令限期整改，并责令单位采取措施防止在整改期间发生火灾；逾期不改正的，依法予以行政处罚。对营业性场所依法责令限期改正，逾期不改正的，责令停产停业。对逾期不履行消防行政处罚决定的，申请人民法院强制执行。

（十三）营业性场所责令停产停业，对经济和社会生活影响较大的，应及时书面报请当地人民政府依法决定。

（十四）医院、养老院、学校、幼儿园、托儿所、地铁、易燃易爆单位等存在重大火灾隐患，单位自身确无能力解决的，或本地区存在影响公共安全的重大火灾隐患难以整改的，应及时书面报请当地人民政府协调解决。

（十五）要严格执勤备战制度，保证人员和装备时刻处于最佳战备状态。要熟悉辖区道路、消防水源、重点单位的情况，制定灭火作战预案并进行实地演练。接到报警后，必须迅速赶赴现场，全力救助遇险人员，扑灭火灾。

（十六）发现火灾隐患未依照规定通知单位改正或执法程序不符合规定的，追究执法过错责任；接到火警，不及时出动的，给予行政、纪律处分；以权谋私、玩忽职守、徇私枉法的，从重处理；构成犯罪的，依法追究刑事责任。

三、地方各级人民政府要依法履行消防工作职责

（十七）地方各级人民政府对本地区的消防工作负责。要将消防工作纳入本地区国民经济和社会发展计划，保障消防工作与经济建设和社会发展相协调。要将消防工作列入政府工作重要议事日程，定期研究部署，协调解决消防安全重大问题，督促检查本级人民政府有关部门和下级人民政府履行消防工作职责。

（十八）制定消防规划并负责组织落实。县级以上城市和经济发展较快的乡镇未制定消防规划的，要在 2004 年底前完成，其他

建制镇要在 2005 年上半年完成。新开发区和旧城区改造要同步制定、修订和实施消防规划。

（十九）加快公共消防设施、消防装备建设，保障经费投入。新建城市和开发区、工业区的公共消防设施建设必须一步到位；对过去城市建设中消防供水、消防车通道、消防通信等"欠账"的，要抓紧彻底解决。缺水地区要修建消防水池，增配大型消防水罐车，确保消防用水。

（二十）市政、通信等主管部门要加强对消防供水、消防通信等公共消防设施的维护管理，确保设施完好，水量、水压充足，信息畅通。

（二十一）发展公安、专职、志愿等多种形式的消防队伍。凡未设立现役公安消防队的县（市、旗），要建立地方专职消防队；东部地区的乡镇和有条件的中西部地区乡镇要建立多种形式的专兼职消防队，使多种形式的消防队伍成为我国乡镇和农村扑救火灾的重要力量。

（二十二）组织开展消防宣传教育，提高公民的消防安全素质。教育行政主管部门要将消防教育列入国民教育计划，学校及其他教育机构要将消防知识纳入有关教育课程。司法、劳动和社会保障、科技行政部门要将消防法规和消防知识列入普法、培训和科普工作的内容。新闻、出版、广播、电影、电视等有关单位及其主管部门要开展消防公益宣传。公安消防机构要面向单位和社区、农村，开展消防法制和消防安全知识的宣传教育。

（二十三）建立特大火灾事故的应急救援机制。要针对高层、地下建筑和易燃易爆危险物品可能发生的对公共安全造成重大影响的火灾，组织制定应急预案并进行演练，提高城市处置特大火灾事故的能力。

（二十四）及时研究和协调解决本地区的重大火灾隐患。对公安消防机构报请责令停产停业或协调解决的重大火灾隐患，应及时依法作出决定或协调解决。

（二十五）教育、卫生、文化、旅游、工商、商贸、安全生产监督管理、建设等行政主管部门要在各自职责范围内，对本系统、本行业的消防工作实施监督管理，加强防火、灭火、逃生自救等消防安全常识教育培训，督促整改火灾隐患，保障消防安全。

（二十六）发生火灾事故，要按照事故原因未查清不放过，责任人员未处理不放过，整改措施未落实不放过，有关人员未受到教育不放过的原则，调查火灾事故，查明火灾原因，严肃追究有关人员的责任。

（二十七）凡发生一次死亡 10 人以上（含本数，下同）或重伤 20 人以上或死亡、重伤 20 人以上的特大火灾事故，由省（自治区、直辖市）人民政府组织工作组进行调查；发生一次死亡 6 人以上或重伤 16 人以上或死亡、重伤 16 人以上的重大火灾事故，由地（市、州、盟）人民政府组织工作组进行调查；发生一次死亡 3 人以上或重伤 10 人以上或死亡、重伤 10 人以上的重大火灾事故，由县（市、旗）人民政府组织工作组进行调查。调查工作结束后，地方各级人民政府应向上一级人民政府写出调查报告。发生一次死亡 30 人以上的特别重大火灾事故，必要时由国务院派工作组进行调查。

（二十八）发生重特大火灾事故后，要及时公开火灾的基本情况、损失、原因、教训和处理结果；组织媒体进行客观、准确地报道，正确把握舆论导向，教育和警示广大人民群众，增强全民的消防安全意识。

（二十九）地方人民政府主要领导人和有关部门负责人未履行消防工作职责的，给予通报批评；情节严重的，给予行政处分；构成犯罪的，依法追究刑事责任。

国资委、公安部、财政部关于国有企业办消防机构分类处理的指导意见

国资发改革〔2017〕79号

各省、自治区、直辖市人民政府，新疆生产建设兵团，国务院各部委、各直属机构，各中央企业：

国有企业按照《中华人民共和国消防法》（以下简称《消防法》）、《中华人民共和国安全生产法》（以下简称《安全生产法》）等法律法规建立消防安全管理机构和专职消防队，对于提高企业安全生产水平、增强企业抗御安全风险能力具有重要意义。为全面贯彻落实《中共中央 国务院关于深化国有企业改革的指导意见》（中发〔2015〕22号）和《国务院关于印发加快剥离国有企业办社会职能和解决历史遗留问题工作方案的通知》（国发〔2016〕19号）精神，解决计划经济体制下部分国有企业承办市政消防机构和企业专职消防队承担公共服务职能等问题，规范国有企业消防安全管理机构和专职消防队伍建设管理，经国务院同意，现就分类处理国有企业办消防机构，提出如下意见：

一、目标任务。按照依法建立和职能归位相结合的原则，明确划分企业依法履行消防安全职责与政府提供消防安全公共服务的责任界限，分类处理国有企业办消防机构，2017年底前完成。

对于企业保障自身消防安全、按照现行《消防法》等法律法规仍需设立的消防安全管理机构和专职消防队，予以保留；对于企业办的承担公共消防管理服务职能的市政消防机构和专职消防队，予以撤销，其中符合当地城乡消防规划不能撤销的消防队（站），划转当地人民政府接收。

二、加强企业消防安全管理。企业必须牢固树立安全发展理

念，按照《消防法》、《安全生产法》等法律法规，贯彻预防为主、防消结合的消防工作方针和管生产经营必须管安全的要求，实行消防安全责任制，明确消防安全责任人和消防安全管理人，依法建立专职、志愿消防队等多种形式的消防组织，加强对员工的消防宣传教育培训，落实消防安全管理措施，确保消防设施完整好用，严格履行消防安全职责。

三、加强企业专职消防队建设。符合《消防法》第三十九条规定的企业，应当建立与生产规模、火灾危险性相适应的专职消防队，承担本单位的火灾扑救和应急救援工作。企业应当按照公安部等十三部门《关于规范和加强企业专职消防队伍建设的指导意见》（公通字〔2016〕25号），落实专职消防队的人员及经费保障机制，结合高危险的职业特点合理确定专职消防队员的工资津贴及相关待遇，依法为专职消防队员办理工伤保险，并可在此基础上购买意外伤害保险，以提高职业伤害保障水平。公安消防部门应当加强对企业专职消防队的指导和监督，根据需要调动指挥企业专职消防队参加火灾扑救工作。

四、稳妥退出企业办的市政消防机构。企业办的承担公共消防管理服务职能的市政消防机构应当撤销，其职能移交当地公安消防部门。《消防法》第三十九条规定以外的企业，可以将现有的专职消防队撤销，经国有企业集团公司审核批准，由企业告知当地人民政府公安消防部门，其中符合当地城乡消防规划不能撤销的消防队（站），由当地政府接收。地方各级人民政府应当按照城乡消防规划建立公安消防队、政府专职消防队，并按照有关标准配备消防装备，承担火灾扑救和应急救援工作。地方财政部门落实相关经费保障。

驻企业的公安消防队、政府专职消防队应当撤出企业，履行公共消防安全服务职能；所在企业如属于《消防法》等法律法规确定的建立专职消防队范围，应当同步建立专职消防队，承担本单位的火灾扑救工作。

五、规范处理相关资产。企业办消防机构撤销涉及的资产，由企业自行处理。移交地方政府的企业办市政消防机构、消防队涉及的资产，依据财政部《关于企业分离办社会职能有关财务管理问题的通知》（财企〔2005〕62号）的规定实行无偿划转，由企业集团公司审核批准，报主管财政机关、同级国有资产监督管理机构备案。移交企业应当依法履行资产移交相关程序，做好移交资产清查、财务清理、审计评估、产权变更及登记等工作，按照财企〔2005〕62号文件有关规定进行财务处理。多元股东的企业，应当经企业董事会或股东会同意后，按照持有股权的比例核减国有权益。

六、妥善安置从业人员。移交地方的企业办消防机构涉及的人员，由企业和地方政府协商妥善安置。撤销的企业办消防机构从业人员，由企业按相关政策妥善安置。有关企业要认真做好职工的思想工作，维护职工的合法权益，确保企业和社会稳定。

七、做好组织实施工作。地方各级人民政府要高度重视，加强组织领导，有序推进国有企业办消防机构分类处理工作，做好相关工作衔接，完善城乡消防安全布局，对消防站、消防装备不足或者不适应实际需要的，应当按照城乡规划增建、改建和完善，保障消防安全基本公共服务。有关企业要提高认识，主动与地方政府沟通衔接，精心组织，周密安排，分类处理，制定实施方案，落实责任分工，妥善做好相关工作，确保在2017年底前完成目标任务。

国资委　公安部　财政部

2017 年 5 月 11 日

国家安全监管总局关于印发《化工（危险化学品）企业保障生产安全十条规定》《烟花爆竹企业保障生产安全十条规定》和《油气罐区防火防爆十条规定》的通知

安监总政法〔2017〕15号

各省、自治区、直辖市及新疆生产建设兵团安全生产监督管理局：

现将《化工（危险化学品）企业保障生产安全十条规定》《烟花爆竹企业保障生产安全十条规定》和《油气罐区防火防爆十条规定》印发给你们，请认真贯彻执行。

化工（危险化学品）企业保障生产安全十条规定

一、必须依法设立、证照齐全有效。

二、必须建立健全并严格落实全员安全生产责任制，严格执行领导带班值班制度。

三、必须确保从业人员符合录用条件并培训合格，依法持证上岗。

四、必须严格管控重大危险源，严格变更管理，遇险科学施救。

五、必须按照《危险化学品企业事故隐患排查治理实施导则》要求排查治理隐患。

六、严禁设备设施带病运行和未经审批停用报警联锁系统。

七、严禁可燃和有毒气体泄漏等报警系统处于非正常状态。

八、严禁未经审批进行动火、受限空间、高处、吊装、临时用电、动土、检维修、盲板抽堵等作业。

九、严禁违章指挥和强令他人冒险作业。

十、严禁违章作业、脱岗和在岗做与工作无关的事。

烟花爆竹企业保障生产安全十条规定

一、必须依法设立、证照齐全有效。

二、必须确保防爆、防火、防雷、防静电设施完备。

三、必须确保中转库、药物总库和成品总库满足生产安全需要。

四、必须落实领导值班和职工进出厂登记制度。

五、必须确保全员培训合格和危险工序持证上岗。

六、严禁转包分包、委托加工和违规使用氯酸钾。

七、严禁超范围、超人员、超药量和擅自改变工房用途。

八、严禁高温、雷雨天气生产作业。

九、严禁违规检维修作业和边施工边生产。

十、严禁串岗和无关人员进入厂区。

油气罐区防火防爆十条规定

一、严禁油气储罐超温、超压、超液位操作和随意变更储存介质。

二、严禁在油气罐区手动切水、切罐、装卸车时作业人员离开现场。

三、严禁关闭在用油气储罐安全阀切断阀和在泄压排放系统加盲板。

四、严禁停用油气罐区温度、压力、液位、可燃及有毒气体报警和联锁系统。

五、严禁未进行气体检测和办理作业许可证，在油气罐区动火或进入受限空间作业。

六、严禁内浮顶储罐运行中浮盘落底。

七、严禁向油气储罐或与储罐连接管道中直接添加性质不明或能发生剧烈反应的物质。

八、严禁在油气罐区使用非防爆照明、电气设施、工器具和电子器材。

九、严禁培训不合格人员和无相关资质承包商进入油气罐区作业，未经许可机动车辆及外来人员不得进入罐区。

十、严禁油气罐区设备设施不完好或带病运行。

国家安全监管总局

2017 年 3 月 6 日

深圳经济特区消防条例

深圳市第六届人民代表大会常务委员会公告
第八十一号

《深圳市人民代表大会常务委员会关于修改〈深圳经济特区消防条例〉的决定》经深圳市第六届人民代表大会常务委员会第二十次会议于 2017 年 10 月 17 日通过，现予公布。

深圳市人民代表大会常务委员会
2017 年 10 月 17 日

（1999 年 8 月 24 日深圳市第二届人民代表大会常务委员会第三十四次会议通过；根据 2004 年 6 月 25 日深圳市第三届人民代表大会常务委员会第三十二次会议《关于修改〈深圳经济特区消防条例〉的决定》第一次修正；根据 2009 年 9 月 24 日深圳市第四届人民代表大会常务委员会第三十三次会议修订；根据 2017 年 10 月 17 日深圳市第六届人民代表大会常务委员会第二十次会议《关于修改〈深圳经济特区消防条例〉的决定》第二次修正）

第一章 总 则

第一条 为了预防火灾和减少火灾危害，加强应急救援工作，保护人身和财产安全，维护公共安全，根据《中华人民共和国消防法》以及相关法律、行政法规的基本原则，结合深圳经济特区实际，制定本条例。

第二条　消防工作贯彻预防为主、防消结合的方针，按照政府统一领导、部门依法监管、单位全面负责、公民积极参与的原则，实行消防安全责任制，建立健全社会化的消防工作网络。

第三条　市、区人民政府（以下简称市、区政府）负责本行政区域内的消防工作。

市、区政府应当将消防工作纳入国民经济和社会发展规划，增加消防投入，保障消防工作与经济社会发展相适应。

第四条　消防工作由市公安机关实施监督管理，并由市公安机关消防机构负责具体实施。

市、区政府有关部门在各自职责范围内，依法做好消防工作。

街道办事处、公安派出所应当按照本条例及有关规定进行消防监督检查，开展消防宣传教育活动。

第五条　任何单位和个人都有维护消防安全、保护消防设施、预防火灾、报告火警的义务。任何单位和成年人都有参加有组织的灭火工作的义务。

居民委员会应当制定防火安全公约，协助政府以及公安机关等部门开展消防宣传教育，并就防火安全公约的执行情况向所在地公安派出所报告。

第六条　每年11月9日为深圳消防日。

第二章　消防安全责任

第七条　市、区政府履行下列职责：

（一）组织实施消防法律、法规；

（二）研究解决本行政区域内消防工作重大问题；

（三）组织开展消防宣传教育，提高市民消防意识；

（四）建立处置火灾和特殊灾害事故应急救援机制，统一领导火灾扑救和应急救援工作；

（五）组织有关部门联合开展消防安全检查；

（六）定期听取公安机关消防机构的汇报；

（七）督促有关部门和企业落实消防安全、安全生产责任；

（八）法律、法规规定的其他职责。

第八条 市消防安全委员会履行下列职责：

（一）审议消防规划和消防安全方针政策，为市政府决策提供咨询意见；

（二）定期对消防安全情况进行综合分析评估并通报情况；

（三）督促重要部门、重点行业、重点区域及消防安全重点单位履行消防安全职责，落实本部门、本系统的消防安全工作；

（四）组织开展重大火灾事故善后处理工作；

（五）协调有关部门联合开展消防安全执法检查和消防安全专项检查；

（六）审定市公安机关消防机构提出的消防安全重点单位名单；

（七）市政府确定的其他消防安全工作。

市消防安全委员会由主管消防工作的副市长及相关部门负责人组成。消防安全委员会会议由主管副市长召集。

第九条 公安机关消防机构履行下列职责：

（一）贯彻执行消防法律、法规，依法开展消防监督检查，查处消防违法行为；

（二）参与编制消防规划；

（三）开展消防安全宣传教育，组织、指导消防演练；

（四）对专职消防队和志愿消防队执勤、训练、救援、管理等工作进行业务指导；

（五）依法实施建设工程的消防设计审核、验收、备案、抽查以及公众聚集场所投入使用、营业前的消防安全检查；

（六）拟定消防安全重点单位名单，经消防安全委员会审定后，由公安机关报本级政府备案；

（七）对消防技术服务机构进行监督管理；

（八）负责或者参与火灾事故调查；

（九）组织灭火救援并依照国家规定参加其他应急救援工作；

（十）法律、法规规定的其他职责。

第十条 街道办事处履行下列职责：

（一）开展消防安全宣传教育，指导居民委员会制定防火公约；

（二）定期对本辖区消防安全状况进行评估；

（三）协助公安机关消防机构组织、管理、培训消防安全大使；

（四）督促、协助有关单位建立专职消防队或者志愿消防队；

（五）协助公安机关消防机构开展消防监督检查；

（六）协助公安机关消防机构开展灭火救援工作；

（七）区政府交办的其他消防工作。

街道办事处可以委托消防技术服务机构对本辖区消防工作进行评估，评估报告报区政府和公安机关消防机构备案。

第十一条 公安派出所履行下列职责：

（一）督促检查居民委员会、物业服务企业和有关单位建立健全消防安全工作制度，落实消防安全工作职责；

（二）按照本条例规定对消防违法行为进行处罚或者及时移送公安机关消防机构查处；

（三）协助公安机关消防机构进行火灾事故调查；

（四）按照职责范围对举报、投诉的消防违法行为进行查处；

（五）开展消防安全宣传教育；

（六）法律、法规规定的其他职责。

公安派出所开展消防安全监督检查的具体实施办法由市公安机关另行制定。

第十二条 市、区政府规划和国土、交通运输、文体旅游、住房和建设、安全生产等有关行政管理部门在各自职责范围内对有关单位的消防安全工作依法进行监督检查。对发现的一般火灾隐患应当及时督促整改；对发现的严重火灾隐患和消防违法行为应当按照有关规定及时移送公安机关消防机构处理。

第十三条 单位履行下列消防安全责任：

（一）落实消防安全责任制，制定本单位消防安全制度、消防安全操作规程和灭火、应急疏散预案，并组织实施；

（二）按照国家标准、行业标准配置消防设施、器材，设置消防安全标志，并定期组织检验、维修，确保完好有效；

（三）对消防设施每年至少进行一次全面检测，确保完好有效，检测记录应当完整准确，并保存五年以上备查；

（四）保障疏散通道、安全出口、消防车通道畅通，保证防火防烟分区、防火间距符合消防技术标准要求；

（五）确定消防安全重点部位并设置重点防火标志，定期组织防火检查，发现不符合消防安全条件的，立即整改，消除火灾隐患；

（六）对职工进行消防安全宣传教育，有针对性地组织消防演练；

（七）保障消防安全管理经费；

（八）法律、法规规定的其他消防安全责任。

单位的主要负责人是单位的消防安全责任人，对本单位的消防安全全面负责。单位应当根据需要确定本单位的消防安全管理人。消防安全管理人对本单位的消防安全责任人负责，组织和落实本单位消防安全管理各项具体工作。

消防安全责任人、消防安全管理人应当按照规定接受消防安全管理培训。

第十四条 消防安全重点单位、城中村、旧工业区以及消防法律、法规规定的特定区域的管理单位，除履行本条例第十三条的规定外，还应当履行下列消防安全责任：

（一）根据本单位消防安全实际情况建立相应的消防安全管理队伍，确定一名消防安全主任，组织实施本单位消防安全工作；

（二）建立防火档案；

（三）开展防火巡查，并建立巡查记录；

（四）实行职工岗前消防安全培训；

（五）按照有关规定建立和管理本单位专职消防队和志愿消防队；

（六）制定灭火和应急疏散预案，定期组织消防演练；

（七）将消防安全管理人员的基本情况、本单位消防设施配备、维护情况，以及防火巡查情况报公安机关消防机构备案。

消防安全重点单位应当设置火灾报警远程监控系统，具体办法由市公安机关消防机构另行制定。

第十五条 住宅区物业服务企业在管理范围内应当履行下列消防安全管理责任：

（一）建立、健全消防安全制度，明确消防安全责任；

（二）定期开展防火检查，消除火灾隐患；发现消防违法行为的，及时报告公安机关消防机构或者公安派出所；

（三）保障公共疏散通道、安全出口、消防车通道畅通；

（四）管理、维护物业区域内的公共消防设施，保障消防器材以及消防安全标志完好有效；

（五）开展消防安全宣传教育，每年至少组织一次消防演练。

非住宅区的物业服务企业应当按照前款规定对管理范围内的公共消防安全管理工作负责，但与物业业主另有约定的除外。

未委托物业服务企业提供物业管理服务的，物业业主之间、物业业主与使用人之间应当签订社区防火协议，明确消防安全管理责任，履行相关义务。

第十六条 出租人履行下列消防安全责任：

（一）出租的建筑物符合消防法律、法规的有关规定，并承担相应的消防安全责任；

（二）监督承租人不得擅自改变出租建筑物的使用功能和结构；

（三）监督承租人安全使用出租建筑物及相关设施，发现存在火灾隐患的，及时整改或者督促承租人整改；发现承租人有消防违法行为的，及时报告公安机关消防机构或者公安派出所。

第十七条 承租人履行下列消防安全责任：

（一）不得租赁不符合法律、法规规定的出租条件的建筑物，并根据国家有关规定和租赁合同的约定承担相应的消防安全责任；

（二）不得擅自改变建筑物使用功能和结构；

（三）发现火灾隐患应当及时消除或者通知出租人进行整改。

出租人和承租人发现另一方有不履行消防安全责任或者违反消防法律、法规的行为且拒不改正的，可以依据法律规定或者合同约定解除租赁合同。

第十八条 娱乐场所经营者除履行本条例第十三条、第十四条规定外，还应当履行下列消防安全责任：

（一）经营场所的室内装修、装饰应当按照消防技术标准的要求，使用不燃、难燃材料；

（二）营业时必须确保经营场所安全出口和疏散通道畅通无阻，不得将安全出口上锁、阻塞；

（三）至少每半年组织一次消防安全演练，培训全体员工掌握报告火警、使用灭火器材、疏散人员等必要的消防安全知识；

（四）在营业时，不得超过额定人数；

（五）不得在经营场所内存放、使用烟花、爆竹以及其他易燃易爆危险品；

（六）法律、法规规定的其他消防安全责任。

第十九条 公共交通经营者除履行本条例第十三条的规定外，还应当履行下列消防安全责任：

（一）定期对车辆进行维护；

（二）定期对车辆的车门手动开关、灭火器、安全逃生锤等应急设施进行检查维护；

（三）定期对车辆电气线路进行检测，避免电气线路发热过度导致自燃；

（四）定期对司乘人员进行安全知识、逃生技能培训和应急演练，提高司乘人员在紧急情况下使用车上安全设施、保护乘客安全疏散的能力；

（五）公共交通车辆发生火灾危险时，司乘人员应当立即组织、引导乘客疏散。

禁止消防安全设施配备不全的公共交通车辆上路载客。禁止在公共交通车辆上非法携带、存放易燃易爆危险物品。

第二十条 单位、个人可以委托消防技术服务机构提供消防安全技术服务。具体办法由市政府另行制定。

第三章 火灾预防

第二十一条 市规划和国土行政管理部门应当会同市公安机关消防机构制订本市消防规划，并依法纳入城市总体规划。

消防规划应当包含消防安全布局、消防站、消防供水、消防通信、消防监控网络、消防车通道、消防装备、消防战勤保障等内容。

第二十二条 依法需要审核验收的建设工程，公安机关消防机构应当按照国家工程建设消防技术标准强制性要求审核建设工程消防设计文件。

建设工程符合依法许可的消防设计要求，并按照国家有关施工技术标准进行施工的，公安机关消防机构应当予以验收合格。

第二十三条 建设单位在依法申请建设工程消防设计审核或者消防设计备案时，应当提供下列材料：

（一）申报表；

（二）建设单位的工商营业执照等合法身份证明文件；

（三）设计单位资质证明文件；

（四）消防设计文件；

（五）法律、行政法规规定的其他材料。

第二十四条 建设单位申请消防验收和竣工验收消防备案时，应当提供下列材料：

（一）申报表；

（二）工程竣工验收报告和有关消防设施的工程竣工图纸；

（三）消防产品质量合格证明文件；

（四）具有防火性能要求的建筑构件、建筑材料、装修材料符合国家标准或者行业标准的证明文件、出厂合格证；

（五）施工、工程监理单位的合法身份证明和资质等级证明文件；

（六）建设单位的工商营业执照等合法身份证明文件；

（七）法律、行政法规规定的其他材料。

公安机关消防机构可以委托消防技术服务机构对消防设施进行检测。

第二十五条 公共消防设施、消防装备不适应城市发展需要，或者不符合国家规定配备标准，需要增建、改建、配置或者进行技术改造的，市公安机关消防机构应当提出整改意见，报市政府批准后，由市、区政府及相关部门组织实施。

生产、储存易燃易爆危险品的场所影响公共安全需要搬迁的，市、区政府应当组织、协调有关部门、单位限期解决，消除安全隐患。

第二十六条 市政府可以根据城市发展的实际情况，对城中村既有建筑物的消防安全制定相应的具体消防技术规范。

区政府、街道办事处应当加强对城中村、旧工业区、老城区消防安全工作的监督检查，根据需要改造公共消防设施，配备必要的消防装备。

第二十七条 根据《深圳市人民代表大会常务委员会关于农村

城市化历史遗留违法建筑的处理决定》规定，可以确认产权或者临时使用的既有建筑物，依法应当办理而未办理消防备案或者审核验收手续的，在工程质量检验合格后，由建设工程的设计、施工单位或者消防技术服务机构按照建筑物建造时的消防技术标准或者市政府制定的具体消防技术规范就现状进行消防安全评价，取得消防安全合格意见后，报公安机关消防机构备案，公安机关消防机构应当进行抽查。

公安机关消防机构发现前款规定的既有建筑物不符合市政府制定的具体消防技术规范要求的，应当责令建筑物的所有人或者使用人在规定的期限内进行整改；无法整改的，公安机关消防机构应当发出限制使用令，限制其使用功能。

设置在本条第一款规定的建筑物内的大型人员密集场所和其他特殊建设工程应当依法取得消防行政许可。

第二十八条 区政府、街道办事处应当制定区、街道消防安全监督检查责任制，组织开展消防安全专项检查，落实检查责任，开展消防演练。辖区内公安消防队、专职消防队、志愿消防队及相关单位应当参加或者予以配合。

第二十九条 属于公众聚集场所的消防安全重点单位，可以委托消防技术服务机构进行消防安全评价，并出具消防安全评价报告，报公安机关消防机构备案。

第三十条 消防自动控制系统操作人员应当接受消防安全培训，经考核合格后，方可从事相应工作。消防自动控制系统操作人员的培训考核纳入职业技能鉴定范围。

第三十一条 娱乐场所、宾馆、饭店等公众聚集场所的经营管理者应当就下列消防安全事项向社会作出承诺，并将承诺书张贴或者悬挂在场所出入口的显著位置：

（一）疏散通道、安全出口保持畅通；

（二）消防设施保持完好有效；

（三）装修、装饰材料符合消防技术标准要求，使用不燃、难燃材料；

（四）发生火灾时有专门的工作人员组织、引导疏散。

鼓励前款规定的单位就其他消防安全事项向社会作出承诺。

第三十二条 禁止在人员密集场所的门窗和疏散通道设置影响逃生和灭火救援的障碍物，但是国家另有规定的除外。

第三十三条 禁止使用不合格的消防产品以及国家明令淘汰的消防产品。

第三十四条 鼓励、引导娱乐场所、宾馆、饭店等人员密集场所和从事易燃易爆危险品生产经营活动的企业投保火灾公众责任保险；鼓励保险公司承保火灾公众责任保险。

第四章　消防宣传教育

第三十五条 市、区政府及其规划和国土、交通运输、教育、公安、民政、人力资源和社会保障、文体旅游、安全生产、广播电视等行政管理部门应当按照各自职责，结合本行业工作特点开展消防安全教育培训工作，并纳入相关工作考核内容。

第三十六条 公安机关消防机构应当每年制定消防安全宣传教育计划，采取多种形式开展消防安全宣传教育和培训活动。

公安机关消防机构应当每年安排工作人员到全市中小学讲授消防安全课，每所学校每年至少讲授一次。

市公安机关消防机构应当根据实际需要，建立消防宣传开放站和消防安全示范点，开展消防安全宣传教育工作。

第三十七条 市、区教育行政管理部门应当指导和监督学校做好消防安全教育工作，并纳入工作考核范围。

第三十八条 市、区人力资源和社会保障部门应当指导和监督企业将消防安全知识纳入职工教育培训内容。

第三十九条 机关、团体、企业、事业单位每年至少组织一次对本单位全体员工的消防安全知识培训，每次培训时间不得少于两个小时；培训记录至少保存两年。

国家对消防安全重点单位的消防安全宣传教育另有规定的，从其规定。

第四十条　未列入消防安全重点单位的下列单位，应当制定灭火和应急疏散预案，每年至少组织一次消防演练或者应急疏散演练：

（一）国家机关对外办公场所；

（二）娱乐场所、宾馆、饭店、商场、集贸市场；

（三）市政府规定的其他人员密集场所。

前款所列单位组织消防演练的，应当提前三个工作日告知辖区公安机关消防机构，有关公安机关消防机构应当根据需要给予指导。

第四十一条　各级各类学校应当针对不同年龄阶段学生的认知特点，开展下列消防安全教育工作：

（一）将消防安全知识纳入教学内容；

（二）在开学初、寒假或者暑假前、学生军训期间，对学生普遍开展专题消防安全教育；

（三）结合不同课程实验课的特点和要求，对学生进行有针对性的消防安全教育；

（四）组织学生到当地消防宣传开放站参观体验；

（五）每学年至少组织学生开展一次应急疏散演练；

（六）对寄宿学生开展经常性的安全用火、用电知识教育和应急疏散演练。

学前教育机构应当采取适合幼儿特点的方式，对幼儿开展消防安全常识教育。

公安机关消防机构应当指导学校、学前教育机构开展消防安全知识教学。

第四十二条 公众聚集场所的经营管理者应当利用场所内的广播、视频设备、宣传栏等形式宣传消防安全知识。

第四十三条 广播、电视、报刊等媒体应当面向社会进行消防宣传教育，按照有关规定安排一定时段或者一定版面免费刊播公安机关消防机构提供的消防公益广告。

工会、共青团、妇联、科协等团体应当结合各自工作对象的特点，组织开展消防宣传教育。

居民委员会应当协助政府以及公安机关等部门，加强消防宣传教育。

第四十四条 建立消防安全大使制度。消防安全大使在公安机关消防机构指导下开展下列活动：

（一）向公众宣传消防安全知识；

（二）举报火灾隐患及消防违法行为；

（三）就本市消防安全工作提出意见和建议。

凡年满十四周岁、在本市居住的人员，经公安机关消防机构培训合格后，可以成为消防安全大使，由市公安机关消防机构和市义工联合会联合颁发证书。

公安机关消防机构应当每年对消防安全大使进行一次消防安全知识培训，其所在单位应当予以支持。

消防安全大使对本市消防安全工作作出突出贡献的，由公安机关消防机构和市义工联合会按照有关规定予以奖励。

消防安全大使制度的具体实施办法由市公安机关消防机构会同市义工联合会另行制定。

第五章　消防组织和消防技术服务机构

第四十五条 市、区政府应当根据经济和社会发展的需要，建立专职消防队、志愿消防队等多种形式的消防组织，并将其纳入防灾减灾和突发公共事件应急机制。

政府建立的专职消防队、志愿消防队履行下列职责：

（一）协助公安消防机构开展消防安全监督检查；

（二）开展消防法律、法规及消防安全知识宣传；

（三）参与火灾扑救及其他灾害事故的抢险救援。

第四十六条 除按照国家规定应当建立专职消防队的单位以外，城中村、旧工业区等重点区域的管理单位应当建立适合自身需要的专职消防队，承担本单位的火灾扑救工作。

第四十七条 市、区公安机关消防机构应当对专职消防队、志愿消防队进行业务指导和培训。

专职消防队、志愿消防队队员经专业培训合格后方可上岗。

第四十八条 鼓励专职消防队、志愿消防队的组建单位为消防队员购买因执行职务发生的人身意外伤害保险。

第四十九条 消防安全重点单位的消防安全主任履行下列职责：

（一）组织制定本单位的消防安全责任制并监督落实；

（二）督促本单位的消防安全管理人员依法履行职责；

（三）组织开展本单位的消防安全检查；

（四）向本单位的消防安全责任人报告消防安全状况并提出改进意见；

（五）定期向公安机关消防机构报告本单位的消防安全状况。

消防安全重点单位的消防安全主任应当经公安机关消防机构考核合格后方可上岗。

消防安全重点单位的安全主任可以兼任消防安全主任。

第五十条 消防技术服务机构按照法律、法规和有关规定从事消防设施、产品维护和检测，室内装修装饰材料检测，消防安全评价，消防技术咨询和培训，火灾损失评估等消防技术服务，并对服务质量负责。

前款所涉及的业务材料，应当保存两年以上；对本条例第二十七条规定的相关材料，应当长期保存。

第六章　灭火救援

第五十一条　公安机关消防机构应当根据需要调动专职消防队、志愿消防队参加火灾扑救和其他应急救援工作。

火灾发生地的区政府应当对参加外单位火灾扑救的专职消防队、志愿消防队所发生的物资损耗给予补偿；对相关人员工资、医疗费用给予补助；对火灾扑救中表现突出的人员给予奖励。

专职消防队、志愿消防队队员参加火灾扑救工作时，与公安消防队员具有同等的权利和义务。

第五十二条　公安机关消防机构在扑救火灾和应急救援时，应当根据掌握的情况和现场需要，启动相应的灭火救援预案，合理调派灭火救援力量。

扑救火灾和应急救援工作需要其他部门协助时，有关部门应当予以协助。

第五十三条　公安机关消防机构在扑救有人员死亡和重大财产损失的火灾事故时，应当及时向市、区政府报告现场情况和处置结果。

第五十四条　公安机关消防机构接到火警或者应急救援报警后，应当指令就近的消防队赶赴现场处理，接到指令的消防队应当在一分钟内登车出动，赶赴现场。

消防队到达火灾事故或者应急救援现场后，应当按照规定采取措施，救助遇险人员，扑救火灾，搜索现场，排除险情。

公安消防队出警后到达现场的时间要求由市公安机关根据实际情况向社会作出承诺，并每年公布上年度实际执行情况。

第五十五条　灭火救援工作结束后，实施灭火救援的公安消防队应当及时制作接警出动报告和火灾扑救经过报告。

第五十六条　消防车辆在执行扑救火灾任务或者其他应急救援

任务的过程中，对占用消防车道的车辆或者其他障碍物，情况紧急时，可以实施强制让道或者拆除。消防车辆所属的消防队应当书面告知受损车辆或者障碍物的所有权人或者管理人。

第五十七条 发生火灾事故造成人员伤亡或者重大财产损失的，市、区政府或者街道办事处应当组织或者责成相关单位和个人为受灾人员提供必要的生活和医疗救助。

第七章 火灾事故调查

第五十八条 公安机关消防机构负责调查火灾原因和统计火灾损失。

火灾事故调查应当坚持及时、客观、公正、合法的原则。

第五十九条 公安机关消防机构确认火灾发生后，应当立即指派火灾调查人员开展火灾调查工作。

第六十条 公安机关消防机构在火灾事故调查中发现有下列情形之一的，应当移送有关行政管理部门进行调查：

（一）有放火嫌疑的，移送公安机关刑侦部门；

（二）车辆在道路上发生火灾事故的，移送公安机关交通管理部门；

（三）因爆炸物品爆炸引起火灾事故的，移送公安机关治安管理部门；

（四）生产、经营、储存、运输、使用危险化学品和处置废弃危险化学品发生火灾事故的，由市、区政府组织或指定有关部门调查；

（五）电力设备、设施因故障引起自身燃烧未蔓延至其他物品的，移送电力主管部门；

（六）发生燃气火灾事故的，移送住房和建设行政管理部门。

第六十一条 公安机关消防机构有权根据火灾事故调查需要划定现场封闭范围，并可以进入现场及场所进行勘验和检查。

公安机关消防机构有权向火灾发生知情人询问情况，调取资料，扣押物品；有权向有关机关、组织查阅、复制相关文件、资料。

第六十二条 公安机关消防机构应当自接到火灾报警之日起三十日内完成火灾事故认定；情况复杂、疑难的，经公安机关消防机构负责人批准，可以延长三十日。火灾事故调查中需要进行检验、鉴定的，检验、鉴定时间不计入调查期限。

火灾事故调查结束后，公安机关消防机构应当制作火灾事故认定书，自作出之日起七日内送达当事人。

火灾事故认定书应当包含火灾事故基本情况和起火原因，并列明相关证据。

第六十三条 火灾事故当事人对公安机关消防机构认定的火灾原因有异议的，可以自火灾事故认定书送达之日起十五日内，向上一级公安机关消防机构提出书面复核申请。复核机构应当自收到复核申请之日起七日内作出是否受理的决定并书面通知申请人、其他有关当事人和原认定机构。

复核申请有下列情形之一的，复核机构不予受理：

（一）非当事人提出的；

（二）超过复核申请期限的；

（三）已经复核并作出复核结论的；

（四）按照有关规定适用简易调查程序作出火灾事故认定的。

复核申请以一次为限。

复核机构应当自受理复核申请之日起三十日内，作出复核结论，并在七日内送达申请人、其他有关当事人和原认定机构。

第六十四条 保险公司或者保险公司委托的代理人在不妨碍公安机关消防机构调查的情况下，可以对火灾造成的损失进行核查，相关单位和个人应当予以配合。但法律、法规另有规定的除外。

第六十五条 火灾发生后，有关单位、个人应当立即报告公安机关消防机构，保护火灾现场。

火灾事故当事人对公安机关消防机构作出的火灾事故认定书有异议申请复核的，有关单位、个人应当保护火灾现场，直至公安机关消防机构作出解除保护现场通知书时为止。

认为火灾有放火嫌疑的，应当及时向公安机关报案。

第六十六条 发生重大、特别重大火灾事故的，市公安机关消防机构应当就火灾事故情况形成专题报告报市政府。

第八章　监督检查

第六十七条 公安机关消防机构、公安派出所应当按照规定的职责范围履行消防监督检查职责，建立执法责任制。

公安机关消防机构和公安派出所进行消防监督检查时，可以进入现场，调阅有关资料，向有关单位和人员了解情况。

第六十八条 公安机关消防机构实施消防监督检查时，检查人员不得少于两名，并出示执法身份证件和经市、区公安机关消防机构负责人签发的检查令。

实施消防监督检查时，应当填写消防监督检查记录，记载消防监督检查情况，并由被检查单位现场负责人或者陪同人员签名确认；被检查单位现场负责人或者陪同人员拒不签名的，应当在消防监督检查记录中注明。

第六十九条 公安机关消防机构应当根据火灾发生的规律、特点并结合重大节日、重大活动等消防安全需要，按照规定组织监督抽查；对属于人员密集场所的消防安全重点单位每年至少监督检查一次。

第七十条 公安机关消防机构对接到的消防安全违法行为的举报、投诉，依法受理、登记，并按照下列规定进行实地核查：

（一）对举报或者投诉占用、堵塞、封闭疏散通道、安全出口或者其他妨碍安全疏散行为，以及擅自停用消防设施的，应当在接到举报、投诉后二十四小时内进行核查；

（二）对举报、投诉本款第一项以外的消防安全违法行为，应当在接到举报或者投诉之日起三个工作日内进行核查。

核查后，对消防安全违法行为依法处理。处理情况应当及时告知举报、投诉人；无法告知的，应当在受理登记中注明。

第七十一条 公安机关消防机构应当按照建筑物、场所建造或者改造时的消防技术标准强制性要求，对建筑物或者场所进行消防监督检查。

建筑物、场所符合建造或者改造时的消防技术标准强制性要求，但按照现行消防技术标准强制性要求存在火灾隐患确实需要改正的，公安机关消防机构应当出具消防安全改正建议书；对严重危及公共安全的，应当向社会公布。

第七十二条 公安机关消防机构在消防监督检查中发现火灾隐患的，应当通知有关单位或者个人立即采取措施进行整改；对具有下列情形之一，不及时消除可能严重威胁公共安全的，应当对危险部位或者场所采取临时查封措施：

（一）疏散通道、安全出口数量不足或者严重堵塞，已不具备安全疏散条件的；

（二）建筑消防设施严重损坏，不再具备防火灭火功能的；

（三）人员密集场所违反消防安全规定，使用、储存易燃、易爆危险品的；

（四）公众聚集场所违反消防技术标准，采用易燃、可燃材料装修装饰，可能导致重大人员伤亡的；

（五）其他可能严重威胁公共安全的火灾隐患。

临时查封期限不得超过一个月。逾期未消除火灾隐患的，责令该场所停止使用或者停产停业。

第七十三条 公安机关消防机构作出临时查封决定和责令停止施工、停止使用、停产停业的行政处罚决定并执行后，应当于二十四小时内将临时查封决定和行政处罚决定的执行情况抄送辖区公安派出所，由辖区公安派出所对临时查封和行政处罚决定的执行情况进行监督。

辖区公安派出所发现擅自启用、擅自施工、擅自开业的，应当对有关责任人依法予以处罚。

临时查封和责令停产停业，对经济和社会生活影响较大的，由公安机关消防机构提出意见，并由公安机关报请本级政府依法决定。本级政府组织公安机关等部门实施。

第七十四条 公安机关消防机构出具的建设工程消防设计竣工验收违法通知书、责令改正通知书、消防安全改正建议书、火灾事故认定书、火灾事故认定复核不予受理通知书、火灾事故认定复核结论书、行政处罚决定书等法律文书，依法直接送交受送达人。

受送达人无法接收或者拒不接收的，可以送交其成年近亲属；受送达人为单位的，可以送交其他负责人或者该单位现场工作人员。

按照本条第一款和第二款规定仍无法送达的，可以依法留置送达、邮寄送达或者公告送达。

第七十五条 市公安机关消防机构所属的消防大队可以履行区级公安机关消防机构的消防监督职责。

第七十六条 公安机关消防机构作出责令停止施工、停止使用或者停产停业的处罚决定，被处罚单位拒不执行的，公安机关消防机构可以出具协助执行函，要求电力、燃气、供水经营单位对被处罚单位停止供电、供气、供水服务。

第七十七条 建立政府部门消防安全信息共享和联动机制。

公安机关消防机构对有消防违法行为的场所作出责令停止施工、停止使用、停产停业的行政处罚决定，或者作出撤销原同意其使用或者开业的行政许可决定，或者发出限制使用令后，应当自作出决定之日起三日内将处理结果抄送有关行政管理部门。

有关行政管理部门应当自收到公安机关消防机构的处理结果之日起十日内将处理情况书面告知公安机关消防机构。

第七十八条 公安机关消防机构应当通过互联网或者广播、电视、报刊等新闻媒体定期公布本行政区域内存在严重消防违法行为的单位及其整改情况。

单位或者个人存在严重消防违法行为，经公安机关消防机构责令改正且逾期不改正的，公安机关消防机构应当在规定时间内通知有关机构将该单位或者个人的违法信息录入企业或者个人信用征信系统。

按照前款规定录入信用征信系统的单位或者个人，不得承接政府投资项目，不得参加政府采购；不得享受本市有关优惠政策，已经享有优惠政策的，应当予以终止。政府及有关部门不得受理其在经营方面的评优评先申请，不得授予其荣誉称号。

第七十九条 公安机关消防机构应当每年将消防工作年报、重大火灾事故专项报告、专项监督检查报告等消防工作资料和消防行政执法依据及法律文书标准文本向社会公布。

第八十条 公安机关消防机构及其工作人员应当按照法定的职权和程序进行消防设计审核、消防验收和消防安全检查，不得有下列行为：

（一）利用消防设计审核、消防验收、消防安全检查牟取利益；

（二）指定或者推荐消防产品的销售单位、品牌、消防设施施工单位或者消防技术服务机构；

（三）利用职务关系从事与消防有关的生产经营活动；

（四）干扰消防执法活动；

（五）其他滥用职权、玩忽职守、徇私舞弊等行为。

第八十一条 公安机关消防机构及其工作人员执行职务，应当自觉接受社会监督。

任何单位和个人有权对公安机关消防机构及其工作人员在执法

中的违法、违纪行为进行检举、控告。收到检举、控告的机关，应当按照职责及时查处，并将处理结果书面答复举报人。

第八十二条 公安机关消防机构应当聘请消防社会监督员，对公安机关消防机构的工作进行监督。

消防社会监督员履行下列职责：

（一）对公安机关消防机构的灭火、救援的出警时间进行统计和测评，并及时反馈给公安机关消防机构；

（二）对公安机关消防机构及其工作人员在工作中存在的问题提出整改意见；

（三）对公安机关消防机构履行职责的其他情况进行监督。

第九章　法律责任

第八十三条 按照国家工程建设消防技术标准需要进行消防设计的建设工程，建设单位、监理单位、设计单位、施工单位、消防设计审查机构未按照国家有关法律、法规的规定进行消防设计审查、施工、监理、验收、备案或者经公安机关消防机构抽查不符合消防安全条件投入使用的，按照有关法律、法规规定进行处罚。

建设单位未按照有关法律、法规规定将消防设计文件报公安机关消防机构备案，或者在竣工后未按照法律、法规规定报公安机关消防机构备案的，责令限期改正，处五千元罚款；拒不改正的，责令停止施工、停止使用或者停产停业。

第八十四条 公众聚集场所未经消防安全检查或者经检查不符合消防安全要求，擅自投入使用或者营业的，责令停止使用或者停产停业，并处三万元以上十万元以下罚款；情节严重的，并处十万元以上三十万元以下罚款。

第八十五条 降低消防技术标准强制性要求进行设计、施工，或者使用不符合消防技术标准强制性要求的建筑构件、建筑材料、装修装饰材料的，责令改正或者停止施工，并处一万元以上五万元以下罚款；情节严重的，并处五万元以上十万元以下罚款。

第八十六条　单位违反本条例规定，有下列行为之一的，责令改正，处以警告；不能立即改正的，处五千元以上五万元以下罚款；情节严重的，处五万元以上十万元以下罚款：

（一）消防设施、器材或者消防安全标志的配置、设置不符合国家标准、行业标准，或者未保持完好有效的；

（二）损坏、挪用或者擅自拆除、停用消防设施、器材的；

（三）占用、堵塞、封闭疏散通道、安全出口或者有其他妨碍安全疏散行为的；

（四）埋压、圈占、遮挡消火栓或者占用防火间距的；

（五）占用、堵塞、封闭消防车通道，妨碍消防车通行的；

（六）人员密集场所在门窗上设置影响逃生和灭火救援的障碍物的；

（七）对火灾隐患经公安机关消防机构通知后不及时采取措施消除的。

个人有前款第二项、第三项、第四项、第五项行为之一的，处警告或者五百元以下罚款。

有本条第一款第三项、第四项、第五项、第六项行为，经责令改正拒不改正的，强制执行，所需费用由违法行为人承担。

第八十七条　建筑物的所有人或者使用人违反本条例规定，不按照公安机关消防机构发出的限制使用令的功能使用建筑物的，责令停止使用或者停产停业，并处五千元以上五万元以下罚款；情节严重的，处五万元以上十万元以下罚款。

第八十八条　非法携带易燃、易爆危险品进入公共场所或者乘坐公共交通车辆的，由公安机关依照《中华人民共和国治安管理处罚法》的有关规定进行处罚。

第八十九条　有下列行为之一的，责令限期改正；逾期不改正的，对责任单位处一万元以上五万元以下罚款，并对其消防安全责任人处五千元以上两万元以下罚款：

（一）未落实消防安全责任制，制定本单位的消防安全制度、消防安全操作规程，制定灭火和应急疏散预案，并公布实施的；

（二）未按照规定组织防火检查、消除火灾隐患，确定消防安全重点部位并设置重点防火标志的；

（三）未按照规定对建筑消防设施每年进行一次全面检测的；

（四）公共交通经营者未按规定履行消防安全责任的；

（五）未按照规定进行消防安全宣传教育，有针对性地组织消防演练的。

消防安全重点单位有前款行为之一的，按照本条例第九十条的规定处罚。

第九十条 消防安全重点单位有下列行为之一的，责令限期改正；逾期不改正的，对责任单位处五万元以上十万元以下罚款，并对其消防安全责任人处一万元以上三万元以下罚款：

（一）未配备消防安全管理人或者消防安全主任，组织实施本单位的消防安全管理工作的；

（二）未建立防火档案的；

（三）未开展防火巡查，并建立巡查记录的；

（四）未实行职工岗前消防安全培训；

（五）未按照有关规定建立和管理本单位的专职消防队的；

（六）未制定灭火和应急疏散预案，定期组织消防演练的；

（七）未按照规定将消防安全管理人员的基本情况、本单位消防设施配备、维护情况、防火巡查情况报公安机关消防机构备案的。

第九十一条 物业业主、使用人、负有消防安全责任的物业服务企业有下列行为之一的，责令限期改正；逾期不改正的，处五千元以上二万元以下罚款：

（一）未建立、健全消防安全制度，明确消防安全责任的；

（二）未开展防火检查，消除火灾隐患的；

（三）未进行消防安全宣传教育，有针对性地组织消防演练的。

第九十二条 使用不合格消防产品或者国家明令淘汰的消防产品的，责令限期改正；逾期不改正的，处一千元以上一万元以下罚款。

人员密集场所使用不合格消防产品或者国家明令淘汰的消防产品的，责令限期改正；逾期不改正的，处一万元以上五万元以下罚款，并对其直接负责的主管人员和其他直接责任人员处一万元以上三万元以下罚款；情节严重的，责令停产停业，并处五万元罚款。

第九十三条 在扑救火灾和应急救援工作中有下列行为之一的，按照规定对有关责任人给予处分；情节严重，构成犯罪的，依法追究刑事责任：

（一）在接到报警一分钟内，未下达警情处置命令的；

（二）不服从公安机关消防机构发出的扑救火灾和应急救援命令，致使扑救火灾和应急救援指挥调度延时或失败的；

（三）公安机关消防机构指挥调度和灭火救援人员不执行命令或者未按规定执行命令，影响扑救火灾和应急救援行动的；

（四）执行扑救火灾和其他应急救援任务的人员现场处置严重失当，导致事故损失扩大和人员伤亡增加的；

（五）执行扑救火灾和其他应急救援任务的人员故意破坏火灾和灾害事故现场的；

（六）未按照规定报送灭火救援信息的；

（七）未按照规定制作灭火救援档案的；

（八）有关行政管理部门未履行灭火救援和其他应急救援职责、影响灭火救援行动的。

第九十四条 本条例规定的行政处罚，由公安机关消防机构决定和执行。但本条例另有规定的除外。

公安机关消防机构需要传唤消防安全违法行为人的，按照国家有关规定执行。

公安派出所根据规定的监督检查职责范围，对消防违法行为进行处罚，并接受公安机关消防机构的业务指导。

第九十五条 公安机关消防机构、公安派出所按照下列权限行使本条例规定的处罚：

（一）对单位或者个人处警告的，由公安机关消防机构或者公安派出所工作人员当场作出处罚决定，并出具行政处罚决定书；

（二）公安机关消防机构可以作出对单位或者个人处罚款、责令停止施工、责令停止使用、责令停产停业的行政处罚决定；

（三）对当事人作出行政拘留处罚的，由公安机关消防机构将案件移送至市、区公安机关决定；

公安机关消防机构、公安派出所实施行政处罚时，应当责令当事人立即改正或者限期改正违法行为。

第九十六条 公安机关消防机构的工作人员滥用职权、玩忽职守、徇私舞弊，有下列行为之一，尚不构成犯罪的，依法给予处分：

（一）对不符合消防安全要求的消防设计文件、建设工程、场所准予审核合格、消防验收合格、消防安全检查合格的；

（二）无故拖延消防设计审核、消防验收、消防安全检查，不在法定期限内履行职责的；

（三）发现火灾隐患不及时通知有关单位或者个人整改的；

（四）利用职务为用户、建设单位指定或者变相指定消防产品的品牌、销售单位或者消防技术服务机构、消防设施施工单位的；

（五）将消防车、消防艇以及消防器材、装备和设施用于与消防和应急救援无关的事项的；

（六）对举报、投诉或者发现的消防违法行为未调查处理导致发生火灾事故的；

（七）其他滥用职权、玩忽职守、徇私舞弊的行为。

第九十七条 发生火灾或者发现有重大火灾隐患的，有关单位应当核查其工作人员履行职责的情况，并按照相关规定做出处理；需要追究有关人员法律责任的，依法追究其责任。

第九十八条 市、区政府及其有关行政管理部门、街道办事处、公安派出所的工作人员在消防工作中滥用职权、玩忽职守、徇私舞弊，尚不够成犯罪的，由其行政主管部门或者监察机关依法给予处分；构成犯罪的，依法追究刑事责任。

第九十九条 拒绝、阻碍消防监督检查人员依法执行职务，或者对执行职务的消防监督检查人员进行围攻、打骂、侮辱的，由公安机关依照《中华人民共和国治安管理处罚法》的规定进行处罚；构成犯罪的，依法追究刑事责任。

第十章 附 则

第一百条 本条例下列用语的含义：

（一）单位，是指机关、团体、企业、事业单位、一定规模的个体经济组织以及其他组织。

（二）消防安全重点单位，是指由公安机关消防机构提出，经消防安全委员会审定、发生火灾可能性较大以及发生火灾可能造成重大的人身伤亡或者财产损失的单位。

（三）火灾隐患，是指违反消防法律、法规，可能造成火灾危害的下列情形：

1. 影响人员安全疏散或者灭火救援行动，不能立即改正的；

2. 消防设施未保持完好有效，影响防火灭火功能的；

3. 消防产品和装修、装饰材料不符合国家规定的；

4. 擅自改变防火分区，容易导致火势蔓延、扩大的；

5. 在人员密集场所违反消防安全规定，使用、储存易燃易爆危险品，不能立即改正的；

6. 不符合城市消防安全布局要求，影响公共安全的；

7. 其他可能增加火灾实质危险性或者危害性的情形。

重大火灾隐患按照国家有关标准认定。

（四）城中村含城市待建区域内的旧村，是指本市城市化过程中按照有关规定，由原农村集体经济组织的村民及继受单位保留使用的非农建设用地的地域范围内的建成区域。

第一百零一条 本条例规定市政府或者市公安机关及其消防机构制定具体实施办法或者具体规定的，市政府或者市公安机关及其消防机构应当在本条例实施之日起六个月内制定。

本条例规定罚款处罚的，市公安机关消防机构应当制定具体处罚办法，与本条例同时施行。

第一百零二条 本条例自 2010 年 1 月 1 日起施行。

公安消防部队执勤战斗条令

（2009 年 5 月 26 日中华人民共和国公安部发布）

为进一步规范公安消防部队执勤战斗行动，提高灭火与应急救援能力，适应保卫经济建设和公民生命财产安全的需要，根据《中华人民共和国消防法》和《国务院关于进一步加强消防工作的意见》（国发〔2006〕15 号）规定，公安部发布了《公安消防部队执勤战斗条令》，要求公安消防部队全体官兵认真学习和贯彻执行。

第一章　总　则

第一条　为规范公安消防部队执勤战斗行动，保障执勤战斗任务的完成，依据《中华人民共和国消防法》及有关法律法规，制定本条令。

第二条　本条令所称执勤战斗，是指公安消防部队为完成火灾扑救、应急救援任务以及重大活动现场消防勤务而实施的准备与行动。

第三条　公安消防部队必须随时做好战斗准备，接到报警或者命令立即出动，迅速、安全地赶赴现场，实施灭火与应急救援。

第四条　公安消防部队执行灭火与应急救援任务，应当坚持

"救人第一，科学施救"的指导思想，按照"第一时间调集足够警力和有效装备，第一时间到场展开，第一时间实施救人，第一时间进行排烟降毒，第一时间控制灾情发展，最大限度地减少损失和危害"的要求，组织实施灭火与应急救援行动。

第五条 公安消防部队各级指战员必须做到坚决服从命令，听从指挥，严守纪律，忠于职守，发扬勇敢顽强、不怕牺牲、连续作战的作风。

第六条 公安消防部队应当建立健全安全管理制度，严格落实安全防护和安全保障措施，有效预防和减少官兵伤亡。

第七条 公安消防部队应当加强装备建设，严格队伍管理，严格教育训练，做好执勤战斗保障，不断提高执勤战斗能力。

第八条 公安消防部队应当建立健全执勤战斗信息报告制度，按照规定程序和要求及时准确报告执勤战斗信息。

第九条 公安消防部队各级军政首长是执勤战斗工作的领导者和组织者，应当加强对本条令执行情况的检查指导，确保本条令的贯彻落实。

第二章 战备工作

第一节 战备制度

第十条 公安消防部队应当按照下列基本要求，严格战备值班制度，保证不间断值班：

（一）各总队、支队、大队、中队设值班首长。总队、支队值班首长由总队、支队领导和司令部参谋长、政治部（处）主任、后勤部（处）长、防火监督部（处）长轮流担任，大队、中队值班首长由大队、中队干部轮流担任；

（二）总队、支队应当建立遂行灭火与应急救援战斗的全勤指挥部。全勤指挥部由指挥长、指挥助理组成。指挥长由副参谋长、战训处（科）长和具有丰富实战经验的人员担任，指挥助理由司令部和政治部（处）、后勤部（处）、防火监督部（处）值班人员担任；

（三）各级值班首长和全勤指挥部人员必须具备相应等级消防岗位资格，并胜任本级指挥岗位；

（四）各级值班、执勤人员必须坚守岗位，严守执勤制度，认真履行职责，完成值班、执勤任务；

（五）各级执勤单位应当每天进行交接班，交接班由值班首长组织，交接班人员应当严格履行交接程序，完成交接工作；

（六）总（支、大）队交接班主要内容是：通报执勤战斗情况、明确战备任务、安排执勤工作等。中队交接班主要内容是：通报执勤战斗情况，调整执勤力量，检查、清点装备，安排执勤工作。

（七）交接班时，听到出动信号，由交班人员负责出动，完成任务归队后再行交接。

第十一条 公安消防部队各级值班、执勤人员应当按照职责分工熟悉辖区下列情况：

（一）交通道路、消防水源情况；

（二）消防安全重点单位的数量、分类和分布情况；

（三）消防安全重点单位建筑结构和使用情况；

（四）消防安全重点单位重点部位情况；

（五）消防安全重点单位内部消防设施和消防组织情况；

（六）主要灾害事故的类型和处置对策、基本程序。

第十二条 公安消防部队应当开展经常性战备教育。补兵退伍期间、重大节日、重要活动或者遇有其他特殊情况时，必须进行有针对性的战备教育。

第十三条 公安消防部队应当严格执勤战斗装备的管理，保证随时处于完好战备状态。执勤战斗装备不得用于与执勤战斗无关的事项。

（一）消防车（艇）的停放（泊靠）和个人装备的放置，必须便于出动，符合实战要求；

（二）执勤战斗装备应当按照标准配备，统一编号，建立档案。坚持定期检查、保养，发现故障、损坏应当及时修复或者补充；

（三）消防车库应当保持整洁卫生，严禁住人和存放与执勤战斗无关的物品，确保安全。

第十四条　公安消防部队各级首长和机关应当开展经常性战备检查，严格落实战备制度。

中队每天、大队每周、支队每月对所属部队应当至少进行一次战备检查。重大节日、重大活动或者遇有特殊情况时，总（支、大）队必须组织检查，及时解决存在问题，重大问题要立即向上级报告。

第十五条　各级公安消防部队应当掌握辖区公共消防设施建设、管理及变化情况，定期组织检查，发现问题及时处理。

第十六条　各级公安消防部队应当建立完善的消防通信指挥系统，及时接报、处理执勤战斗信息，并与有关部门、专业力量实现互联互通和信息共享。

第二节　战备职责

第十七条　总队、支队首长应当履行下列战备职责：

（一）组织领导部队贯彻落实上级有关执勤战备的规定和要求，研究制定改进和加强战备工作的措施；

（二）督促各级、各部门在战备工作中发挥职能作用，建立和保持正规的战备秩序；

（三）掌握辖区基本情况和公安消防部队、专职消防队伍以及其他应急救援队伍执勤战斗实力，组织建立联勤联动工作制度；

（四）组织指导部队对辖区灾害事故风险和危害进行调查、评估，制定并熟悉本级各类执勤战斗预案，掌握各类灾害事故的处置对策；

（五）督促部队保持良好的战备状态，及时研究解决战备工作中的问题。

第十八条 司令部应当履行下列战备职责：

（一）掌握公安消防部队、专职消防队伍执勤战斗实力，熟悉辖区其他应急救援队伍的人员、装备等情况；

（二）负责制定各类灾害事故处置的力量调动方案和执勤战斗预案，组织开展实战演练；

（三）检查公安消防部队和专职消防队伍战备工作，督促落实战备制度，做好灭火与应急救援准备工作；

（四）拟制战备工作的命令、指示、计划，督促部队贯彻落实；

（五）组织制定执勤战斗装备发展规划和配置计划，做好执勤战斗装备的管理和调配工作；

（六）组织部队熟悉辖区和消防安全重点单位有关情况，及时向防火监督部门通报发现的问题，参与城市消防规划制定和建筑工程消防验收；

（七）协调辖区供水、供电、供气、通信、医疗救护、交通运输、环境保护、气象等有关单位和其他应急救援队伍，建立应急联动机制，做好灭火与应急救援协同作战的各项准备工作。

第十九条 政治部（处）应当履行下列战备职责：

（一）根据任务需要，组织部队开展战备教育；

（二）结合部队战备和灭火、应急救援工作情况，适时、灵活地开展政治思想和心理教育疏导工作；

（三）了解掌握部队官兵灭火、应急救援工作中的表现情况，负责战备、灭火与应急救援的宣传报道和奖惩等工作。

第二十条 后勤部（处）应当履行下列战备职责：

（一）组织建立战勤保障体系，督促落实战勤保障制度；

（二）制定部队执勤战斗保障预案，并负责组织实施；

（三）落实执勤战斗装备的配置计划，建立装备档案，负责装备管理和维修保养工作。

第二十一条 防火监督部（处）应当履行下列战备职责：

（一）及时向司令部门和消防大队、中队通报辖区消防安全重点单位存在的影响灭火救援工作的问题、火灾隐患及变化情况；

（二）做好执勤力量对辖区消防安全重点单位熟悉和演练的协调工作，参与制定本级执勤战斗预案，提供相关信息资料；

（三）在发生火灾事故时，立即派员赶赴现场，提供灭火救援相关信息，协同开展灭火救援行动。

第二十二条 全勤指挥部应当履行下列战备职责：

（一）实行每天二十四小时不间断战备值班制度，贯彻执行上级的命令、指示，接受下级的请示报告，并及时妥善处理；

（二）掌握辖区各类灾害事故的特点、处置对策、消防安全重点单位有关情况和本级执勤战斗预案相关内容；

（三）掌握辖区公安消防部队、专职消防队伍及其他应急救援队伍执勤战斗实力、分布及装备、灭火剂储备情况，检查督促消防队伍战备工作；

（四）值班人员必须坚守岗位，随时做好出动准备，遂行作战，指挥灭火与应急救援战斗行动。

第二十三条 作战指挥中心应当履行下列战备职责：

（一）掌握辖区交通道路、消防水源和消防安全重点单位等情况；

（二）掌握公安消防部队、专职消防队伍和辖区其他应急救援队伍执勤战斗实力及变化情况，及时报告值班首长和相关部门；

（三）掌握辖区社会相关单位灭火与应急救援力量情况及联系方法，保持与供水、供电、供气、通信、医疗救护、交通运输、环境保护、气象等有关单位的联系；

（四）定时与辖区公安消防部队、专职消防队伍和电信部门核查通信线路及设备，做好登记，发现问题及时处理；

（五）及时准确受理火灾事故报警，按照力量调动方案或者值班首长指示及时调派出动力量，记录接处警和力量调派情况，提供灭火、应急救援相关信息资料；

（六）统计、分析接警和出动情况，及时汇总上报灭火、应急救援信息；

（七）保持与灾害事故现场的通信联络，负责消防接处警和通信指挥系统的管理、维护工作。

第二十四条 大队首长应当履行下列战备职责：

（一）负责本辖区公安消防部队和专职消防队伍战备工作，贯彻落实上级的有关规定、指示，做好灭火与应急救援准备；

（二）组织战备值班、检查和教育，建立和保持正规的战备秩序；

（三）组织开展对辖区情况的调研与熟悉，制定执勤战斗预案，开展实战演练；

（四）熟悉辖区公安消防部队和专职消防队伍执勤战斗实力，掌握消防安全重点单位有关情况和火灾及其他灾害事故的种类、特点及处置对策；

（五）掌握辖区其他应急救援力量情况，协调落实灭火与应急救援工作机制。

第二十五条 中队首长应当履行下列战备职责：

（一）贯彻落实上级的有关规定、指示，落实各项执勤制度，保证人员、装备时刻处于良好的战备状态；

（二）掌握中队执勤人员、装备和辖区其他灭火与应急救援队伍情况；

（三）组织辖区情况调查，制定执勤战斗预案，定期开展演练；

（四）熟悉辖区交通道路、消防水源、消防安全重点单位执勤战斗预案等情况，掌握火灾及其他灾害事故的种类、特点及处置对策；

（五）组织战备教育，落实各项安全措施，按照规定上报战备情况；

（六）组织实施消防站定期开放工作。

第二十六条 战斗班长应当履行下列战备职责：

（一）掌握辖区交通道路、消防水源、消防安全重点单位等情况和灾害事故处置程序及行动要求，熟悉执勤战斗预案的有关内容；

（二）掌握本班人员情况，确定战斗分工；

（三）熟悉执勤战斗装备配备和使用操作技术，认真组织维护、保养工作，使其随时处于良好战备状态；

（四）妥善处理本班战备工作中发生的问题，并及时报告中队值班首长。

副班长协助班长工作。在班长离开岗位时，代行班长职责。

第二十七条 战斗员应当履行下列战备职责：

（一）了解辖区交通道路、消防水源、消防安全重点单位等基本情况；

（二）保持个人防护装备和分管装备完整好用，熟悉装备性能，熟练操作使用；

（三）掌握辖区主要灾害事故处置的行动要求，熟悉中队执勤战斗预案中本岗位的主要任务。

第二十八条 通信员应当履行下列战备职责：

（一）坚守岗位，按照出动命令或者报警及时发出出动信号，并做好记录；

（二）熟练使用通信装备，做好维护保养工作，发现故障及时报告并修复；

（三）掌握辖区交通道路和消防安全重点单位等有关情况，熟记通信用语和有关单位、部门的联系方法；

（四）接到上级指示，及时报告值班首长。

第二十九条 驾驶员应当履行下列战备职责：

（一）熟悉辖区交通道路、消防水源和消防安全重点单位地址等相关情况；

（二）熟练掌握车辆构造及车载固定装备的技术性能和操作方法，能够及时排除一般故障；

（三）负责车辆和车载固定灭火救援设备的维护保养，及时补充车辆的油、水、电、气、灭火剂，保持良好的战备状态。

第三十条 供水员应当履行下列战备职责：

（一）熟悉辖区市政和消防安全重点单位内部消火栓的数量、位置、给水管网形状、直径、供水能力；熟悉辖区内天然水源以及其他可用水源的情况和取水方式；掌握供水装备技术性能和供水方法；

（二）保持分管装备完整好用，熟练使用相关装备；

（三）负责消防水源资料登记、造册、归档工作，定期对消防水源进行检查；冬季寒冷地区应当对消防车、泵、消火栓、消防水池和水井等设施采取防寒防冻措施。

第三十一条 摄（录）像员应当履行下列战备职责：

（一）熟悉摄（录）像器材技术性能，熟练操作使用；

（二）掌握现场摄（录）像的内容、方法及相关要求；

（三）负责摄（录）像器材充电、维护保养工作，随时做好出动准备；

（四）负责执勤战斗影像资料传输、收集整理和归档工作。

第三节　战备等级

第三十二条 公安消防部队实行等级战备制度，战备等级分为经常性战备、二级战备、一级战备。

第三十三条 公安消防部队为完成日常执勤战斗任务所保持的准备状态为经常性战备，必须达到下列基本要求：

（一）全勤指挥部和各级值班首长及值班、执勤人员在岗在位；

（二）执勤战斗装备完整好用；

（三）随时做好灭火、应急救援出动准备；

（四）部队所有人员保持通信畅通。

第三十四条　公安消防部队在保卫任务繁重的重大节日、重要活动，遇有特殊保卫任务或者发生重大灾害、事件时进入二级战备。二级战备应当在经常性战备的基础上，必须达到下列基本要求：

（一）进行战备动员，通报情况任务，研究制定执勤作战方案；

（二）各级首长和值班人员在岗在位，总队、支队全勤指挥部成员集中值班，指挥长在作战指挥中心值守待命；

（三）停止批准休假，严格控制人员外出，总（支）队机关现有官兵95%的人员在所在城市待命，大（中）队现有执勤人员在岗在位率不得低于95%；

（四）责令专人及时收集、报告有关信息，及时对灾情、任务进行分析评估；

（五）根据需要调整执勤人员，充实一线执勤力量，落实各项执勤战斗保障；

（六）必要时派出力量在重点区域执勤。

第三十五条　公安消防部队在国家进入战争状态，全国或者部分地区处于紧急状态，遇有特别重要的消防保卫任务或者发生特别重大灾害、事件时进入一级战备。一级战备应当在二级战备的基础上，必须达到下列基本要求：

（一）进行临战动员，通报形势任务，研究制定执勤作战实施方案；

（二）部队所有官兵停止探亲休假和外出及节假日休息，召回在外人员，各级首长和各类执勤人员全部在岗在位；

（三）立即调整人员、车辆，充实加强一线和重点地区执勤力量，各项执勤战斗保障到位；

（四）总队、支队值班首长、指挥长在作战指挥中心值守，执勤中队人员视情着战斗服装待命；

（五）根据需要派出力量进入重要场所现场监护。

第三十六条 二级（含）以上战备命令由公安部消防局或者省级公安消防总队军政首长签署发布，并报本级公安机关备案。当接到上一级公安消防部队要求进入二级（含）以上战备命令时，执行单位应当及时向当地人民政府和公安机关报告。

第三十七条 降低或者撤销战备等级命令的权限与发布命令的权限相同。

第四节　执勤战斗预案

第三十八条 公安消防部队应当以辖区灾害事故风险和危害调查评估结果为依据，按照最大、最难、最危险、最复杂情况下灭火与应急救援任务的需要，制定执勤战斗预案，包括：跨区域灭火与应急救援预案、灭火作战和应急救援类型预案、重点单位灭火作战预案和重大活动现场消防勤务预案。

第三十九条 总队、支队应当制定跨区域灭火与应急救援预案、灭火作战和应急救援类型预案、重点单位灭火作战预案。

第四十条 大队、中队应当制定灭火作战和应急救援类型预案、重点单位灭火作战预案。

第四十一条 公安消防部队应当根据重大活动消防保卫任务的需要制定重大活动现场消防勤务预案。

第四十二条 公安消防部队应当经常对执勤战斗预案进行熟悉，并以执勤战斗预案为基础，组织开展实兵实装实战演练和模拟实战演练，及时修订预案，不断增强预案的针对性和可操作性。

第四十三条 总队执勤战斗预案应当由本级军政首长组织专家审核后批准，支队、大队、中队执勤战斗预案应当由上一级单位组织专家审核后批准，并报上一级公安消防部队备案。

执勤战斗预案的废止按照前款规定执行。

第三章　执勤战斗行动

第一节　接警出动

第四十四条　遇有下列情况时，公安消防部队必须立即出动：

（一）接到火灾及其职责任务范围内的报警或者上级命令时；

（二）上级检查执勤战备情况，发布出动命令时；

（三）其他需要立即出动的情况。

第四十五条　接警人员必须迅速准确受理报警，问清发生火灾或者其他灾害事故的种类、危险程度、有无人员被困或者伤亡、发生灾害事故的单位名称、详细地址、报警人姓名等情况，同时启动录音记时设备。

受理报警后，应当根据灾情、预案和调动方案，迅速调派力量，及时了解灾害事故现场情况，并立即向全勤指挥部和值班首长报告，根据需要和指挥员的命令通知供水、供电、供气、通信、医疗救护、交通运输、环境保护等有关单位、技术专家到场配合作战行动。

当接到消防安全重点地区、重点单位报警或者在重点时段等易发生重大人员伤亡、财产损失及政治社会影响的灾害事故报警时，必须加强首批出动力量，及时启动执勤战斗预案，并通知值班首长或者全勤指挥部遂行作战。

第四十六条　公安消防支（大、中）队接到本辖区以外的报警或者增援请求时，应当及时向上级报告，按照命令出动。情况紧急时，可以边出动边报告。

接到邻国（地区）、使（领）馆、外籍船舶、军事管理区等特殊区域报警或者救援请求时，应当立即向上级报告，并做好出动准备，待批准后按照相关规定、协议处理。

第四十七条 公安消防中队执勤人员听到出动信号，必须按照规定着装登车，首车驶离车库时间一般不得超过一分钟。中队值班首长应当检查登车情况，并随首车出动。

第四十八条 公安消防中队出动后，应当迅速、准确、安全地赶赴灾害事故现场。途中应当注意观察并了解灾害事故现场的情况。遇有另一起灾害事故时，应当根据具体情况采取相应对策，立即向上级报告。

第四十九条 两个以上公安消防支（大、中）队处置同一起灾害事故时，上一级全勤指挥部或者值班首长、值班人员应当立即出动。

第五十条 公安消防部队营区岗哨应当礼貌、热情地接受群众报警，保持消防车库门前的道路畅通。

第二节　组织指挥

第五十一条 公安消防部队的灭火与应急救援组织指挥通常分为总队、支队、大队、中队、班五个层次。

第五十二条 组织指挥一般按照下列程序进行：迅速调集作战力量，启动指挥决策系统，侦察掌握现场情况，制定作战方案，部署作战任务，指挥战斗行动，落实战勤保障。

第五十三条 组织指挥应当坚持统一指挥、逐级指挥的原则。紧急情况下，指挥员可以实施越级指挥，接受指挥者应当执行命令并及时向上一级指挥员报告。

第五十四条 公安消防支（大、中）队独立作战时，通常由本级指挥员指挥。

两个以上公安消防支（大、中）队协同作战时，上级指挥员到达现场前，实施属地指挥；上级指挥员到达现场后，应当实施直接指挥或者授权指挥。

公安消防部队和其他消防队伍共同执行灭火与应急救援任务时，由公安消防部队实施统一指挥。

第五十五条 对于灾害事故规模大、参战力量多、作战时间长、现场情况危险复杂、灭火与应急救援难度大的灾害事故现场，公安消防部队应当及时成立现场作战指挥部，统一指挥灭火与应急救援行动。

当发生重大、特别重大灾害事故，需要调动多方面力量协同作战时，公安消防部队现场最高指挥员及相关人员应当参加由地方政府和公安机关以及相关部门领导组成的灭火与应急救援总指挥部。公安消防部队应当适时建立现场作战指挥部，具体负责现场的指挥工作。

第五十六条 公安消防部队现场作战指挥部一般由总指挥员、副总指挥员，以及下属的作战指挥组、通信联络组、技术专家组、政工宣传组、后勤保障组及其相关人员组成，并设立现场文书和安全员。现场作战指挥部，应当设在接近现场、便于观察、便于指挥、比较安全的地点，并设置明显的标志。

第五十七条 公安消防部队现场作战指挥部的总指挥员，一般由公安消防总（支、大）队当日值班首长或者到场的最高首长担任，履行下列职责：

（一）调集作战力量，组织现场侦察，分析判断灾情，制定总体作战方案，根据现场需要，划分战斗段（区）；

（二）视情设立作战指挥组、通信联络组、技术专家组、政工宣传组、后勤保障组等；

（三）向参战的下级指挥员部署作战任务，组织参战单位协同作战，督促落实安全防护措施。根据现场情况的变化，及时调整力量部署，必要时可以组织单位人员和群众参与辅助性行动；

（四）根据灭火与应急救援的需要，合理使用各种水源，利用临近建筑物和有关设施，切断现场及其周边区域内的电力、可燃气体和可燃液体的输送，限制用火用电，划定警戒区，实行局部交通管制，拆除或者破损毗邻火灾现场的建筑物、构筑物或者设施等；

（五）通知供水、供电、供气、通信、医疗救护、交通运输、环境保护等有关单位配合作战行动，提出调集驻军、武警及其他增援力量参加灭火与应急救援的意见，报灭火与应急救援总指挥部批准后实施；

（六）全面掌握现场情况，当发现可能发生突发重大险情而又不能及时控制，直接威胁参战官兵生命安全时，应当果断迅速下达撤离命令，组织指挥参战力量安全撤出灭火和应急救援现场；

（七）提出战勤保障要求，落实战勤保障措施，视情启动战勤保障预案并组织实施。

第五十八条 公安消防部队现场作战指挥部的副总指挥员，一般由公安消防总（支）队当日值班指挥长或者到场的总（支）队领导担任，其主要职责是协助总指挥员工作，在总指挥员授权或者离开现场时，履行总指挥员职责。

第五十九条 作战指挥组一般由全勤指挥部人员组成，由指挥长任组长，履行下列职责：

（一）实施现场侦察，向总指挥员提供具体作战方案，向参战力量下达作战任务，掌握战斗进展情况，绘制作战图表；

（二）掌握现场参战力量、装备情况，组织现场供水（灭火剂）和各种力量协同作战行动；

（三）确定防护等级措施，掌握现场变化情况。遇有直接威胁参战官兵生命安全的重大突发险情而又不能及时控制时，根据现场作战指挥部命令和现场情况立即组织指挥现场力量安全撤离；

（四）指挥督促参战力量落实灭火与应急救援总指挥部及现场作战指挥部下达的各项命令，并及时上报执行情况；

（五）记录上级首长指示、命令、参战单位到场的力量和时间，以及力量部署、完成任务等情况，汇总统计作战进展情况，及时向上级指挥员和作战指挥中心报告。

第六十条 通信联络组一般由通信技术人员、通信员组成，由总（支）队通信处（科）长担任组长，履行下列职责：

（一）统一通信联络方式、方法和信号，组织现场通信，维护现场通信秩序；

（二）建立现场通信指挥网，确保战斗命令及时准确传达到各级指战员，保证现场通信畅通；

（三）保持现场与作战指挥中心的不间断通信联系，维护通信器材，及时上传现场图像和信息。

第六十一条 技术专家组一般由公安消防部队和有关单位专家组成，由总指挥员确定技术专家组组长，履行下列职责：

（一）观察、搜集现场相关情况和信息，判断灾害事故发展趋势，监控消防控制中心和消防设施，配合灭火与应急救援行动；

（二）评估灾害事故的影响范围和危害程度以及可能发生的后果，提出应急处置建议；

（三）参与制定作战方案，提供技术支持，解决技术难题。

第六十二条 政工宣传组一般由政治部（处）和宣传部门的有关人员组成，由总（支）队政治部门领导担任组长，履行下列职责：

（一）掌握官兵的表现情况，适时开展政治思想工作；

（二）协调新闻单位，做好灭火与应急救援的宣传报道工作；

（三）督促参战部队遵守国家相关法律规定和部队纪律。

第六十三条 后勤保障组一般由后勤部（处）和战勤保障机构的有关人员组成，由总（支）队后勤部门领导担任组长，履行下列职责：

（一）负责组织实施参战部队的装备、灭火剂、燃料供应及现场车辆装备的抢修、维护等战勤保障工作；

（二）负责参战部队饮食、饮水、休息、防寒保暖等生活保障工作；

（三）负责组织参战部队的医疗救护和伤员运送救治工作。

第六十四条 大队指挥员由大队值班首长担任，履行下列职责：

（一）在上级指挥员未到达现场前，负责灾害事故现场的组织指挥工作；

（二）调集辖区内的参战力量，组织灾情侦察，确定防护等级，制定作战方案，部署战斗任务，检查执行情况，并根据灾情变化调整力量部署；

（三）及时向上级报告现场情况，组织所属部队完成上级指挥员部署的战斗任务。

第六十五条 中队指挥员由中队值班首长担任，履行下列职责：

（一）组织现场侦察，确定救人、灭火、排烟、排险和保护、疏散物资等战术措施，及时向上级报告现场情况，视情请调辖区内的其他力量和专业救援队伍；

（二）向各战斗班（组）下达作战任务，落实安全防护措施，确定进攻路线和阵地，指挥灭火与应急救援攻坚作战行动，组织火场供水，检查执行情况，根据现场情况的变化，调整力量部署；

（三）在上级指挥员未到达现场前，负责现场的组织指挥工作，及时向增援力量布置任务，组织协同作战行动。

第六十六条 班指挥员由班长担任，履行下列职责：

（一）请领、分配本班战斗任务，组织指挥战斗行动；

（二）进行灾情侦察，组织战斗展开，观察灾情变化，适时调整力量部署；

（三）组织班、组协同作战和安全防护，处置紧急情况，向中队指挥员报告战斗进程。

第六十七条 现场文书一般由司令部参谋或者中队干部担任，在作战指挥组的领导下履行下列职责：

（一）了解掌握力量的调动、灾害对象、作战部署、战斗行动、现场变化等情况和阶段性战斗成果；

（二）记录上级指挥员、当地党委、政府和公安机关领导到场及下达的命令、做出的指示和部队贯彻执行情况；

（三）统计汇总人员伤亡、燃烧物资和面积等情况，编制上报作战信息。

第六十八条 现场安全员应当按照参战力量和现场情况确定，一般由战训参谋、中队指挥员、战斗班长、专业技术人员或者由总指挥员指定专人担任，履行下列职责：

（一）对危险区段、部位进行实时监测，确定安全防护等级，落实作战行动的安全保障，检查参战人员安全防护器材和措施；

（二）记录掌握进入危险区的作业人员数量和时间及防护能力，保持不间断的联系，了解现场安全状况和参战人员的体力、健康情况，准确判断突发险情，及时向指挥员提出紧急撤离和人员替换的建议；

（三）协助指挥员确定紧急撤离路线，并通知进入危险区的所有人员。根据指挥员下达的紧急撤离命令，利用长鸣警报、连续急闪强光、通信扩音器材等方式及时、准确地发出信号，并及时清点核查人员。

第三节　火灾扑救

第六十九条 公安消防部队在灭火战斗中，应当按照先控制、后消灭，集中兵力、准确迅速，攻防并举、固移结合的作战原则，果断灵活地运用堵截、突破、夹攻、合击、分割、围歼、排烟、破拆、封堵、监护、撤离等战术方法，科学有序地开展火灾扑救行动。

第七十条 指挥员到达火场后，应当立即组织火情侦察，并将侦察工作贯穿于火灾扑救的全过程。通常情况下，火情侦察可以采取外部观察、询问知情人、利用消防控制中心侦察监控、深入内部侦察、仪器探测等方法进行。火情侦察应当查明下列情况：

（一）有无人员受到火势威胁，人员数量、所在位置和救援方法及防护措施；

（二）燃烧的物质、范围、火势蔓延的途径和发展趋势以及可能造成的后果；

（三）消防控制中心和内部消防设施启动及运行情况，现场有无带电设备，是否需要切断电源；

（四）起火建（构）筑物的结构特点、毗连状况、抢救疏散人员的通道，内攻救人灭火的路线，有无坍塌危险；

（五）有无爆炸、毒害、腐蚀、忌水、放射等危险物品以及可能造成污染等次生灾害；

（六）有无需要保护的重点部位、重要物资及其受到火势威胁的情况。

第七十一条 参战公安消防部队根据火场情况，可以采取下列战斗展开形式：

（一）准备展开：从建筑外部看不到燃烧部位和火焰时，指挥员应当在组织火情侦察的同时，命令参战人员占领水源，将主要战斗装备摆放在消防车前，做好战斗展开的准备；

（二）预先展开：从建筑外部能够看到火焰和烟雾时，指挥员在组织火情侦察的同时，命令参战人员携带战斗装备接近起火部位，铺设水带干线供水，做好进攻准备；

（三）全面展开：基本掌握火场的情况后，指挥员应当确定作战意图，果断命令参战人员立即实施火灾扑救。

第七十二条 根据火场情况，主要灭火力量应当部署在下列重点部位：

（一）有人员受到火势威胁的地点及抢救、疏散的路线；

（二）可能引起爆炸、毒害物质泄漏的部位；

（三）重要物资受到火势威胁的部位；

（四）火势蔓延方向以及可能造成重大损失的部位；

（五）参战力量实施内攻救人灭火的部位；

（六）毗邻建筑受到火势威胁的部位。

第七十三条 当火场遇有人员受到火势威胁时，应当迅速抢救疏散，采取相应的灭火措施，并按照下列要求抢救人员：

（一）充分利用建筑物的安全疏散通道、安全出口、疏散楼梯、消防电梯、外墙门窗、阳台、避难层（间）等途径和举高消防车、消防梯，以及其他一切可以利用的救生装备进行施救；

（二）采取排烟、防毒、射水等措施，减少烟雾、毒气、火势对被困人员的威胁；

（三）稳定被困人员的情绪，防止跳楼或者因拥挤踩踏造成人员伤亡；

（四）进入燃烧区抢救被困人员时，应当仔细搜索各个部位，做好记录，防止遗漏；

（五）对被救者采取防毒保护措施，对在救助过程中和已抢救疏散出的危重伤员应当由具备急救资质的人员进行现场急救，对遇难人员也应当及时搜寻、妥善保护。

第七十四条 火灾扑救中，应当按照下列基本要求，积极疏散和保护物资，努力减少损失：

（一）遇有易燃易爆物品或者贵重仪器设备、档案资料以及珍贵文物受到火势威胁时，应当首先予以疏散；受到火势威胁的物资和妨碍救人灭火的物资也应当予以疏散；

（二）对难以疏散的物资，应当采取冷却或者使用不燃、难燃材料遮盖等措施加以保护；

（三）疏散物资应当在指挥员的统一指挥和起火单位负责人、工程技术人员的配合下，根据轻重缓急有组织地进行；

（四）从火场抢救出来的物资应当指定放置地点，指派专人看护，严格检查，防止夹带火种引起燃烧，并及时清点和移交。

第七十五条 根据救人、灭火的实际需要，应当按照下列基本要求，迅速采取正确的排烟措施，防止烟气对人员构成威胁和火势扩大：

（一）排烟前，应当查明火源的位置、火势蔓延的方向、烟雾扩散的范围，视情在烟雾流经的部位设置防御力量；

（二）应当尽量利用建筑物内部的防、排烟系统和移动排烟设备进行防烟、排烟；

（三）利用建筑物的外墙门窗、阳台等途径进行自然排烟时，应当注意风向，防止造成火势扩大蔓延；

（四）利用破拆、喷雾水流、移动排烟设备等方法进行人工排烟时，应当注意安全。

第七十六条 根据灭火战斗行动的实际需要，应当按照下列基本要求，依法合理实施破拆：

（一）为查明火源和燃烧的范围，以及抢救人员和疏散重要物资需要开辟通道时，可以对毗邻火灾现场的建（构）筑物、设施进行破拆；

（二）当火势迅速蔓延难以控制时，可以在火势蔓延的主要方向，根据火势蔓延的速度，选择适当位置拆除毗邻火灾现场的可燃建（构）筑物，开辟隔离带，阻断火势蔓延；

（三）当发生火灾的建筑物或者局部出现倒塌的危险，直接威胁人身安全、妨碍灭火战斗行动时，可以进行破拆；

（四）当发生火灾的建筑物内部聚集大量的高温浓烟时，为改变火势发展蔓延方向，定向排除高温浓烟，便于救人、灭火，应当选择不会引起火势扩大的部位进行破拆；

（五）在破拆建（构）筑物时，应当注意承重构件，防止因误拆造成建（构）筑物倒塌；在有管道设备的建（构）筑物内部破拆时，应当注意保护管道，防止因管道损坏造成易燃可燃液体、气体以及毒害物质泄漏；

（六）在破拆建（构）筑物和设施过程中，应当划出安全警戒区，设置安全警戒哨，并采取必要的保护措施。

第七十七条 火场供水应当按照下列基本要求，正确使用水源，确保重点、兼顾一般、力争快速不间断：

（一）就近占据水源，集中主要的供水装备保证火场主攻阵地特别是内攻救人灭火力量的供水；

（二）使用市政消火栓供水时，应当根据给水管网的形状、直径和压力确定消火栓的使用数量；当火场供水压力不足时，应当通知供水部门增大水压；

（三）根据消防车泵的技术性能和水源与火场的距离，合理选择直接供水、接力供水或者运水供水的方式，并尽量使用大口径水带铺设供水干线；寒冷地区冬季灭火供水时，应当防止供水线路结冰冻结；

（四）在市政消火栓不能满足火场供水时，应当充分利用天然水源和蓄水池、水井等水源设施供水；

（五）当多层、高层建筑物或者地下工程、生产装置发生火灾时，应当尽量使用固定消防给水系统供水，同时利用移动装备供水。

第七十八条 火灾扑救中，应当按照下列基本要求，科学确定和使用灭火剂，尽量减少水渍损失和环境污染：

（一）根据扑救火灾的需要和灭火进程以及燃烧物状况，正确选定灭火剂、喷射器具以及供给强度；在确保消防员安全的情况下，尽量接近火点喷射；

（二）在有珍贵文物、贵重仪器、图书、档案资料等场所发生火灾时，严禁盲目射水；忌水物质储存场所发生火灾时，严禁射水灭火；

（三）对因灭火用水过多可能造成建筑物、堆垛倒塌，船体倾覆和水渍等危害的，应当及时进行防排水作业，或者采取其他补救措施；

（四）对可能造成水体污染的现场，应当适当控制用水量，尽量减少水渍损失，并组织起火单位及有关部门注意污水排放处置，防止造成水体污染。

第七十九条 火灾扑救中，应当按照下列基本要求，做好参战人员的安全防护，严防人员伤亡：

（一）进入火场的所有人员，应当根据危害程度和防护等级，佩戴防护装具，并经安全员检查、登记；进入火场后应当合理选择进攻的路线、阵地，严格执行操作规程；

（二）在可能发生爆炸、毒害物质泄漏、建筑物倒塌和可燃液体沸溢、喷溅，以及浓烟、缺氧等危险的情况下进行救人灭火时，应当组成精干作业组，设置安全观察哨，尽量减少现场作业人员，布置水枪掩护，留有备用力量，严禁擅自行动；

（三）在需要采取关阀断料、开阀导流、降温降压、点火放空、紧急停车等措施时，应当掩护配合起火单位工程技术人员实施，严禁盲目行动；

（四）对火场内带电线路和设备应当视情采取切断电源或者预防触电的措施；

（五）当火场出现爆炸、轰燃、倒塌、沸溢、喷溅等险情征兆，而又无法及时控制或者消除，直接威胁参战人员的生命安全时，现场指挥员应当果断迅速组织参战人员撤离到安全地带并立即清点人数，视机再组织实施灭火救援行动。

第八十条 火灾扑灭后，应当进行下列工作：

（一）全面、细致地检查火场，彻底消灭余火；对石油化工生产装置、储存设备的温度及其周围可燃气体、易燃可燃液体蒸汽的浓度进行检测，并进行相应的处理，防止复燃；同时，应当责成起火单位或者相关单位人员看护火场，必要时留下必需的灭火力量进行监护；

（二）撤离火场时，应当清点人数，整理装备，恢复水源设施，向事故单位或有关部门进行交接；

（三）归队后，应当迅速补充油料、器材和灭火剂，调整执勤力量，恢复战备状态，并报告作战指挥中心。

第四节 应急救援

第八十一条 公安消防部队依照国家规定主要承担下列重大灾害事故和其他以抢救人员生命为主的应急救援工作：

（一）危险化学品泄漏事故；

（二）道路交通事故；

（三）地震及其次生灾害；

（四）建筑坍塌事故；

（五）重大安全生产事故；

（六）空难事故；

（七）爆炸及恐怖事件；

（八）群众遇险事件。

第八十二条 公安消防部队依照国家规定和上级指令，参与配合处置水旱灾害、气象灾害、地质灾害、森林、草原火灾等自然灾害，矿山、水上事故，重大环境污染、核与辐射事故和突发公共卫生事件。

第八十三条 公安消防部队参加重大灾害事故的应急救援工作，在县级以上人民政府的统一领导和公安机关的指挥下实施，并应当根据本地应急救援任务的需要，制定、启动应急救援预案，采用正确的处置措施，严密组织救援行动，最大限度地减少人员伤亡和财产损失。

第八十四条 应急救援过程中，应当通过侦察、检测等方法查明下列情况：

（一）灾害事故的种类、危害程度、波及范围和可能造成的后果；

（二）遇险和被困人员的位置、数量、危险程度以及救援途径、方法；

（三）危险区域和防护等级，应当采取的防护措施；

（四）贵重物资设备的位置、数量、危险状况以及抢救疏散和保护的方法；

（五）灾害事故现场及其周边的道路、水源、建（构）筑物结构以及电力、通信、气象等情况。

第八十五条　应急救援时，应当按照下列要求采取现场警戒：

（一）根据灾害事故类型，依据侦察检测结果，科学、合理地划定警戒区域，设置警戒标志；

（二）清除警戒区域内无关人员，禁止现场群众和无可靠安全防护措施的施救人员、装备进入警戒区内；

（三）必要时采取禁火、停电等安全措施；

（四）需要时经县级以上人民政府公安机关批准，可以实行交通管制。

第八十六条　应急救援过程中，应当按照下列要求，做好现场安全防护：

（一）进入灾害事故现场的所有救援人员，必须根据现场实际情况和危险等级采取防护措施，严格操作规程；

（二）在可能发生爆炸、易燃易爆和毒害物质泄漏、建筑物倒塌等危险情况下救援时，必须进行检测和监测，应当尽量减少一线作业人员，并设立安全员，加强安全防护，留有机动力量；

（三）需要采取工艺措施处置时，应当掩护配合事故单位和专业工程技术人员实施，严禁盲目行动；

（四）当现场出现爆炸、倒塌，易燃可燃气体、液体，毒害物质大量扩散等险情征兆，而又不能及时控制或者消除，直接威胁参战人员的生命安全时，指挥部或者现场指挥员应当果断下达撤离命令，发出撤离信号，组织参战人员撤离到安全地带并立即清点人数，待具备基本安全条件时，再组织实施抢险救援；

（五）实施水上救援时，救援人员应当佩戴专业救生装具，必要时系安全绳，以小组为单位，不得单独行动；实施潜水救援时，严格按照规程操作，并采取安全措施。

第八十七条 现场救人行动应当根据现场情况，按照下列基本要求进行：

（一）根据现场不同情况，视情采取破拆、起重、支撑、牵引、起吊等方法施救；

（二）在人员被倒塌的建筑构件、材料埋压或者被困于容易窒息、受伤的现场，应当首先稳定被困人员情绪，并视情迅速采取送风供氧、急救、提供饮水和食物等措施，然后设法采取有效的营救措施；

（三）当不能确认遇险人员无生还可能时，严禁盲目使用大型挖掘机、铲车、推土机等机械设备和可能危及被困人员生命安全的救援方法；

（四）在毒害物质泄漏现场，应当使用防毒、救生等工具抢救中毒人员，并及时疏散染毒区域内的人员；

（五）在高空和水上救生时，应当充分利用可靠的设施、工具和专业救援装备，并采取相应的安全防护措施；

（六）对现场受伤人员应当由具备急救资质的人员进行现场急救，并立即通知医疗急救部门进行救治。

第八十八条 当救援现场有易燃易爆或者毒害物质泄漏、扩散，可能导致爆炸、建筑倒塌和人员中毒等危险情况时，应当根据技术专家的意见和现场救援力量以及技术条件，及时采取冷却防爆、稀释中和、堵漏输转、关阀断料、加固排险、破拆清障、排烟送风等措施，尽快排除险情。

第八十九条 处置危险化学品泄漏事故结束时，应当对受到污染的人员、装备及场地进行洗消，并妥善处理洗消后的污水。

第九十条 应急救援结束后，应当全面、细致地检查清理现场，视情留有必要力量实施监护和配合后续处置，并向事故单位或者有关部门移交现场。撤离现场时，应当清点人数，整理装备，恢复水源设施。归队后，应当迅速补充油料、器材和药剂，迅速恢复战备状态，并向上级报告。

第五节　重大活动现场消防勤务

第九十一条 公安消防部队应当在当地人民政府的统一领导和公安机关的指挥下，认真组织实施重大活动现场的消防勤务活动。公安消防部队主要承担下列重大活动现场消防勤务：

（一）重大节日庆典活动以及重大群众集会；

（二）大型政治、经济、文化、科技、体育等活动；

（三）其他需要现场消防安全保卫的重要活动。

第九十二条 重大活动现场消防勤务应当按照下列程序和要求组织实施：

（一）成立现场消防安全保卫指挥机构，派员参与政府和公安机关安全保卫总指挥部，掌握重大活动的性质、规模和危险性，领受消防安全保卫任务；

（二）开展实地调研，熟悉重大活动以及场地的基本情况，制定现场消防勤务预案；

（三）组织开展灭火救援实战演练或者参加综合协同演练；

（四）派出现场执勤力量，做好现场消防安全保卫工作。

第九十三条 实施重大活动现场消防勤务，应当注意下列事项：

（一）必须对执勤人员进行勤务教育和培训；

（二）根据保卫任务，落实现场保卫车辆、装备；

（三）执勤人员必须坚守岗位，发现问题迅速、妥善处理；

（四）执勤人员应当举止端庄，严守纪律，依法文明执勤；

（五）执勤人员进入现场执勤后、撤离前应当向有关方面负责人报告情况，认真做好与其他执勤力量的协同配合。

第四章　执勤战斗保障

第九十四条　公安消防部队应当建立健全战勤保障制度，完善战勤保障体系，做好执勤战斗的装备、物资、生活、医疗和技术等各项保障工作。

第九十五条　公安消防部队应当根据辖区消防保卫任务特点，制定战勤保障方案，储备必要的灭火与应急救援装备、物资和灭火剂，配备通信装备、设施，完善紧急运送机制，确保应急所需物资的及时供应。

第九十六条　公安消防部队应当根据执勤战斗需要，制定现场生活保障方案，并积极争取地方人民政府、社会相关单位的支持配合，全力做好参战人员就餐、饮水、防寒保暖、防暑降温等各项生活保障。

第九十七条　公安消防部队应当充分利用当地各方面的医疗保障资源，加强与医疗救护等单位的协调配合，制定现场医疗保障方案，及时开展现场医疗急救工作。

第九十八条　公安消防部队应当建立与供水、供电、供气、通信、医疗救护、交通运输、环境保护、工程抢险、卫生防疫等部门或者单位的应急联动工作机制，充分发挥有关专业队伍和灭火与应急救援专家组的作用，及时为灭火与应急救援提供技术支持。

第五章　战评与总结

第九十九条　公安消防部队实行每战必评制度。执勤战斗任务完成后，应当充分发扬民主，实事求是地进行战评与总结，不断改进执勤战斗工作。

第一百条 战评组织通常分为中队、大队、支队、总队、公安部消防局五个层次。

第一百零一条 公安消防中（大、支）队独立完成执勤战斗任务的战评与总结，通常由本级首长负责组织；两个以上公安消防中（大、支、总）队共同完成执勤战斗任务，或者特别重大火灾和典型灾害事故的灭火与应急救援战斗行动，由上一级首长或者部门负责组织。

第一百零二条 战评时应当组织参战官兵和有关单位的领导及工程技术人员参加。战评一般应当包括下列内容：

（一）受理报警、力量调度和出动情况；

（二）灾情的发展变化、作战方案以及采取的战术技术措施情况；

（三）各环节的组织指挥、战斗行动、协同作战和战斗保障情况；

（四）现场纪律、战斗作风与完成任务情况；

（五）主要经验教训和改进措施。

第一百零三条 战评通常按照察看现场、观看录像、介绍情况、提问答疑、分析点评、总结讲评的程序进行。

第一百零四条 对于在执勤战斗中有突出贡献的集体和个人，应当及时给予表彰、奖励。对于在执勤战斗中严重失职、失误、畏缩不前或者违反纪律的人员，应当视情给予批评教育或者纪律处分。

第一百零五条 总结报告（文字、图表、照片、录像）应当及时报上级主管部门。重大、特别重大灾害事故灭火与应急救援的总结报告，公安消防支队应当在十日内报送公安消防总队，公安消防总队应当在十五日内报送公安部消防局，具有典型意义的执勤战斗总结报告应当及时上报。执勤战斗的相关资料，应当建立档案，妥善保管。

第六章 附 则

第一百零六条 本条令适用于公安消防部队，专职消防队、志愿消防队可参照执行。

第一百零七条 本条令自颁布之日起实施。一九九六年二月十二日公安部印发的《公安消防部队执勤条令（试行）》同时废止。

附　录

公安消防岗位资格制度规定

（2008 年 7 月 28 日公安部颁布）

第一条　为提高公安消防队伍的整体素质和业务水平，更好地履行消防监督和灭火救援职责，制定本规定。

第二条　本规定适用于公安消防机构全体干部。

第三条　公安消防岗位资格是从事消防监督执法和灭火救援指挥工作的人员必须具备的资格条件。未取得公安消防岗位资格的，不得从事消防监督执法和灭火救援指挥。

第四条　公安消防岗位资格分为一级、二级、三级。

（一）报考三级公安消防岗位资格的人员，应掌握基本的消防业务知识、消防法律法规和灭火救援等方面的知识。

（二）报考二级公安消防岗位资格的人员，应熟练掌握和运用有关消防法律法规和消防业务知识，具备胜任消防监督执法和灭火救援组织指挥工作的能力。

（三）报考一级公安消防岗位资格的人员，应熟练掌握和运用有关消防法律法规和消防业务知识，具备处理消防监督执法和灭火救援工作中复杂疑难问题的能力。

第五条　公安消防监督执法和灭火救援指挥人员，应具备与本人职级相对应等级的公安消防岗位资格。

（一）消防监督执法和灭火救援指挥人员包括：总队、支队领导班子成员；总队、支队司令部、防火监督部门全体干部；消防大队（科）、执勤消防中队全体干部。

（二）消防监督执法和灭火救援指挥人员，担任排级、连级职务的（含消防工程系列相应专业技术等级），应具备三级公安消防岗位资格；担任营级、副团级职务的（含消防工程系列相应专业技术等级），应具备二级公安消防岗位资格；担任正团级以上职务的（含消防工程系列相应专业技术等级），应具备一级公安消防岗位资格。

非消防监督执法和灭火救援指挥岗位的人员，应具备三级公安消防岗位资格。

第六条 公安消防岗位资格应当经过考试逐级取得。

（一）取得三级公安消防岗位资格的正连级（专业技术 12 级）干部，可以报考二级公安消防岗位资格；取得二级公安消防岗位资格的正营级（专业技术 10 级）干部，可以报考一级公安消防岗位资格。

（二）公安消防部队院校学员在毕业的当年，接收地方普通高等院校应届毕业大学生学员在入警培训期间，可以报考三级公安消防岗位资格。

（三）确因工作需要并经公安消防总队批准，可以直接报考较高等级的公安消防岗位资格。

第七条 公安消防监督执法和灭火救援指挥人员拟提任相应职级的领导职务、晋职、调级，应先取得相应等级的公安消防岗位资格，未取得的，不得任用、晋职、调级；拟从其他岗位调整交流到消防监督执法和灭火救援指挥岗位的，应先取得相应等级的公安消防岗位资格，未取得的，不得调整交流到消防监督执法和灭火救援指挥岗位工作。

第八条 公安消防部队院校毕业学员和接收地方普通高等院校

应届毕业生学员，在见习期内应取得公安消防岗位资格；新调入公安消防部队的干部，应在一年内取得相应等级的公安消防岗位资格。取得公安消防岗位资格前，不得直接从事消防监督执法和灭火救援指挥工作。

第九条 公安消防岗位资格考试由公安部消防局负责实施，按等级实行统一大纲、统一命题、统一组织的考试制度。考试合格者，发给公安消防岗位资格等级证书。

（一）公安消防岗位资格考试每年组织两次，时间分别为 4 月和 10 月。

（二）公安消防岗位资格考试的主要内容包括：消防业务基础理论、消防法律法规、消防技术标准规范、城乡消防规划、建筑工程消防设计审核和消防验收、消防监督检查、火灾事故调查、消防产品监督、灭火救援技术装备、灭火应用计算、消防通信、训练组织实施、灭火救援行动和执勤训练安全管理等知识。

第十条 有下列情形之一的，取消公安消防岗位资格并注销公安消防岗位资格证书：

（一）在消防监督执法和灭火救援指挥工作中有重大失误、造成严重后果，并受到过错责任追究的；

（二）在消防监督执法和灭火救援指挥工作中有滥用职权、玩忽职守、徇私舞弊以及不作为等违法违纪行为，并受到行政记过以上处分的。

取消公安消防岗位资格，由公安消防总队批准，报公安部消防局备案。

第十一条 铁路、交通、民航、林业公安消防机构和新疆生产建设兵团公安消防机构在消防监督执法岗位和灭火救援指挥岗位工作的人员，政府专职消防队、单位专职消防队在消防安全检查和灭火救援指挥岗位工作的人员，参照本规定执行。

从事消防监督工作的公安派出所民警、公安消防机构的文职聘用人员，可以依照本规定报考公安消防岗位资格。

第十二条 本规定由公安部消防局负责解释，自 2008 年 6 月 1 日起施行。本规定施行后，1997 年 1 月 27 日印发的《公安消防监督员岗位资格暂行规定》和 2002 年 8 月 12 日印发的《公安消防队伍灭火救援指挥人员岗位资格规定》即行废止。

消防监督检查规定

中华人民共和国公安部令

第 120 号

《公安部关于修改〈消防监督检查规定〉的决定》已经 2012 年 7 月 6 日公安部部长办公会议通过，现予发布，自 2012 年 11 月 1 日起施行。

公安部部长

二〇一二年七月十七日

（2009 年 4 月 30 日中华人民共和国公安部令第 107 号发布；根据 2012 年 7 月 17 日中华人民共和国公安部令第 120 号发布的《公安部关于修改〈消防监督检查规定〉的决定》修订）

第一章　总　则

第一条　为了加强和规范消防监督检查工作，督促机关、团体、企业、事业等单位（以下简称单位）履行消防安全职责，依据

《中华人民共和国消防法》，制定本规定。

第二条　本规定适用于公安机关消防机构和公安派出所依法对单位遵守消防法律、法规情况进行消防监督检查。

第三条　直辖市、市（地区、州、盟）、县（市辖区、县级市、旗）公安机关消防机构具体实施消防监督检查，确定本辖区内的消防安全重点单位并由所属公安机关报本级人民政府备案。

公安派出所可以对居民住宅区的物业服务企业、居民委员会、村民委员会履行消防安全职责的情况和上级公安机关确定的单位实施日常消防监督检查。

公安派出所日常消防监督检查的单位范围由省级公安机关消防机构、公安派出所工作主管部门共同研究拟定，报省级公安机关确定。

第四条　上级公安机关消防机构应当对下级公安机关消防机构实施消防监督检查的情况进行指导和监督。

公安机关消防机构应当与公安派出所共同做好辖区消防监督工作，并对公安派出所开展日常消防监督检查工作进行指导，定期对公安派出所民警进行消防监督业务培训。

第五条　对消防监督检查的结果，公安机关消防机构可以通过适当方式向社会公告；对检查发现的影响公共安全的火灾隐患应当定期公布，提示公众注意消防安全。

第二章　消防监督检查的
形式和内容

第六条　消防监督检查的形式有：

（一）对公众聚集场所在投入使用、营业前的消防安全检查；

（二）对单位履行法定消防安全职责情况的监督抽查；

（三）对举报投诉的消防安全违法行为的核查；

（四）对大型群众性活动举办前的消防安全检查；

（五）根据需要进行的其他消防监督检查。

第七条 公安机关消防机构根据本地区火灾规律、特点等消防安全需要组织监督抽查；在火灾多发季节、重大节日、重大活动前或者期间，应当组织监督抽查。

消防安全重点单位应当作为监督抽查的重点，非消防安全重点单位必须在监督抽查的单位数量中占有一定比例。对属于人员密集场所的消防安全重点单位每年至少监督检查一次。

第八条 公众聚集场所在投入使用、营业前，建设单位或者使用单位应当向场所所在地的县级以上人民政府公安机关消防机构申请消防安全检查，并提交下列材料：

（一）消防安全检查申报表；

（二）营业执照复印件或者工商行政管理机关出具的企业名称预先核准通知书；

（三）依法取得的建设工程消防验收或者进行竣工验收消防备案的法律文件复印件；

（四）消防安全制度、灭火和应急疏散预案、场所平面布置图；

（五）员工岗前消防安全教育培训记录和自动消防系统操作人员取得的消防行业特有工种职业资格证书复印件；

（六）法律、行政法规规定的其他材料。

依照《建设工程消防监督管理规定》不需要进行竣工验收消防备案的公众聚集场所申请消防安全检查的，还应当提交场所室内装修消防设计施工图、消防产品质量合格证明文件，以及装修材料防火性能符合消防技术标准的证明文件、出厂合格证。

公安机关消防机构对消防安全检查的申请，应当按照行政许可有关规定受理。

第九条 对公众聚集场所投入使用、营业前进行消防安全检查，应当检查下列内容：

（一）建筑物或者场所是否依法通过消防验收合格或者进行竣工验收消防备案抽查合格；依法进行竣工验收消防备案但没有进行备案抽查的建筑物或者场所是否符合消防技术标准；

（二）消防安全制度、灭火和应急疏散预案是否制定；

（三）自动消防系统操作人员是否持证上岗，员工是否经过岗前消防安全培训；

（四）消防设施、器材是否符合消防技术标准并完好有效；

（五）疏散通道、安全出口和消防车通道是否畅通；

（六）室内装修材料是否符合消防技术标准；

（七）外墙门窗上是否设置影响逃生和灭火救援的障碍物。

第十条 对单位履行法定消防安全职责情况的监督抽查，应当根据单位的实际情况检查下列内容：

（一）建筑物或者场所是否依法通过消防验收或者进行竣工验收消防备案，公众聚集场所是否通过投入使用、营业前的消防安全检查；

（二）建筑物或者场所的使用情况是否与消防验收或者进行竣工验收消防备案时确定的使用性质相符；

（三）消防安全制度、灭火和应急疏散预案是否制定；

（四）消防设施、器材和消防安全标志是否定期组织维修保养，是否完好有效；

（五）电器线路、燃气管路是否定期维护保养、检测；

（六）疏散通道、安全出口、消防车通道是否畅通，防火分区是否改变，防火间距是否被占用；

（七）是否组织防火检查、消防演练和员工消防安全教育培训，自动消防系统操作人员是否持证上岗；

（八）生产、储存、经营易燃易爆危险品的场所是否与居住场所设置在同一建筑物内；

（九）生产、储存、经营其他物品的场所与居住场所设置在同一建筑物内的，是否符合消防技术标准；

（十）其他依法需要检查的内容。

对人员密集场所还应当抽查室内装修材料是否符合消防技术标准、外墙门窗上是否设置影响逃生和灭火救援的障碍物。

第十一条 对消防安全重点单位履行法定消防安全职责情况的监督抽查，除检查本规定第十条规定的内容外，还应当检查下列内容：

（一）是否确定消防安全管理人；

（二）是否开展每日防火巡查并建立巡查记录；

（三）是否定期组织消防安全培训和消防演练；

（四）是否建立消防档案、确定消防安全重点部位。

对属于人员密集场所的消防安全重点单位，还应当检查单位灭火和应急疏散预案中承担灭火和组织疏散任务的人员是否确定。

第十二条 在大型群众性活动举办前对活动现场进行消防安全检查，应当重点检查下列内容：

（一）室内活动使用的建筑物（场所）是否依法通过消防验收或者进行竣工验收消防备案，公众聚集场所是否通过使用、营业前的消防安全检查；

（二）临时搭建的建筑物是否符合消防安全要求；

（三）是否制定灭火和应急疏散预案并组织演练；

（四）是否明确消防安全责任分工并确定消防安全管理人员；

（五）活动现场消防设施、器材是否配备齐全并完好有效；

（六）活动现场的疏散通道、安全出口和消防车通道是否畅通；

（七）活动现场的疏散指示标志和应急照明是否符合消防技术标准并完好有效。

第十三条 对大型的人员密集场所和其他特殊建设工程的施工现场进行消防监督检查，应当重点检查施工单位履行下列消防安全职责的情况：

（一）是否明确施工现场消防安全管理人员，是否制定施工现场消防安全制度、灭火和应急疏散预案；

（二）在建工程内是否设置人员住宿、可燃材料及易燃易爆危险品储存等场所；

（三）是否设置临时消防给水系统、临时消防应急照明，是否配备消防器材，并确保完好有效；

（四）是否设有消防车通道并畅通；

（五）是否组织员工消防安全教育培训和消防演练；

（六）施工现场人员宿舍、办公用房的建筑构件燃烧性能、安全疏散是否符合消防技术标准。

第三章　消防监督检查的程序

第十四条　公安机关消防机构实施消防监督检查时，检查人员不得少于两人，并出示执法身份证件。

消防监督检查应当填写检查记录，如实记录检查情况。

第十五条　对公众聚集场所投入使用、营业前的消防安全检查，公安机关消防机构应当自受理申请之日起十个工作日内进行检查，自检查之日起三个工作日内作出同意或者不同意投入使用或者营业的决定，并送达申请人。

第十六条　对大型群众性活动现场在举办前进行的消防安全检查，公安机关消防机构应当在接到本级公安机关治安部门书面通知之日起三个工作日内进行检查，并将检查记录移交本级公安机关治安部门。

第十七条　公安机关消防机构接到对消防安全违法行为的举报投诉，应当及时受理、登记，并按照《公安机关办理行政案件程序规定》的相关规定处理。

第十八条　公安机关消防机构应当按照下列时限，对举报投诉的消防安全违法行为进行实地核查：

（一）对举报投诉占用、堵塞、封闭疏散通道、安全出口或者其他妨碍安全疏散行为，以及擅自停用消防设施的，应当在接到举报投诉后二十四小时内进行核查；

（二）对举报投诉本款第一项以外的消防安全违法行为，应当在接到举报投诉之日起三个工作日内进行核查。

核查后，对消防安全违法行为应当依法处理。处理情况应当及时告知举报投诉人；无法告知的，应当在受理登记中注明。

第十九条 在消防监督检查中，公安机关消防机构对发现的依法应当责令立即改正的消防安全违法行为，应当当场制作、送达责令立即改正通知书，并依法予以处罚；对依法应当责令限期改正的，应当自检查之日起三个工作日内制作、送达责令限期改正通知书，并依法予以处罚。

对违法行为轻微并当场改正完毕，依法可以不予行政处罚的，可以口头责令改正，并在检查记录上注明。

第二十条 对依法责令限期改正的，应当根据改正违法行为的难易程度合理确定改正期限。

公安机关消防机构应当在责令限期改正期限届满或者收到当事人的复查申请之日起三个工作日内进行复查。对逾期不改正的，依法予以处罚。

第二十一条 在消防监督检查中，发现城乡消防安全布局、公共消防设施不符合消防安全要求，或者发现本地区存在影响公共安全的重大火灾隐患的，公安机关消防机构应当组织集体研究确定，自检查之日起七个工作日内提出处理意见，由所属公安机关书面报告本级人民政府解决；对影响公共安全的重大火灾隐患，还应当在确定之日起三个工作日内制作、送达重大火灾隐患整改通知书。

重大火灾隐患判定涉及复杂或者疑难技术问题的，公安机关消防机构应当在确定前组织专家论证。组织专家论证的，前款规定的期限可以延长十个工作日。

第二十二条 公安机关消防机构在消防监督检查中发现火灾隐患，应当通知有关单位或者个人立即采取措施消除；对具有下列情形之一，不及时消除可能严重威胁公共安全的，应当对危险部位或者场所予以临时查封：

（一）疏散通道、安全出口数量不足或者严重堵塞，已不具备安全疏散条件的；

（二）建筑消防设施严重损坏，不再具备防火灭火功能的；

（三）人员密集场所违反消防安全规定，使用、储存易燃易爆危险品的；

（四）公众聚集场所违反消防技术标准，采用易燃、可燃材料装修，可能导致重大人员伤亡的；

（五）其他可能严重威胁公共安全的火灾隐患。

临时查封期限不得超过三十日。临时查封期限届满后，当事人仍未消除火灾隐患的，公安机关消防机构可以再次依法予以临时查封。

第二十三条 临时查封应当由公安机关消防机构负责人组织集体研究决定。决定临时查封的，应当研究确定查封危险部位或者场所的范围、期限和实施方法，并自检查之日起三个工作日内制作、送达临时查封决定书。

情况紧急、不当场查封可能严重威胁公共安全的，消防监督检查人员可以在口头报请公安机关消防机构负责人同意后当场对危险部位或者场所实施临时查封，并在临时查封后二十四小时内由公安机关消防机构负责人组织集体研究，制作、送达临时查封决定书。经集体研究认为不应当采取临时查封措施的，应当立即解除。

第二十四条 临时查封由公安机关消防机构负责人组织实施。需要公安机关其他部门或者公安派出所配合的，公安机关消防机构应当报请所属公安机关组织实施。

实施临时查封应当遵守下列规定：

（一）实施临时查封时，通知当事人到场，当场告知当事人采取临时查封的理由、依据以及当事人依法享有的权利、救济途径，听取当事人的陈述和申辩；

（二）当事人不到场的，邀请见证人到场，由见证人和消防监督检查人员在现场笔录上签名或者盖章；

（三）在危险部位或者场所及其有关设施、设备上加贴封条或者采取其他措施，使危险部位或者场所停止生产、经营或者使用；

（四）对实施临时查封情况制作现场笔录，必要时，可以进行现场照相或者录音录像。

实施临时查封后，当事人请求进入被查封的危险部位或者场所整改火灾隐患的，应当允许。但不得在被查封的危险部位或者场所生产、经营或者使用。

第二十五条　火灾隐患消除后，当事人应当向作出临时查封决定的公安机关消防机构申请解除临时查封。公安机关消防机构应当自收到申请之日起三个工作日内进行检查，自检查之日起三个工作日内作出是否同意解除临时查封的决定，并送达当事人。

对检查确认火灾隐患已消除的，应当作出解除临时查封的决定。

第二十六条　对当事人有《中华人民共和国消防法》第六十条第一款第三项、第四项、第五项、第六项规定的消防安全违法行为，经责令改正拒不改正的，公安机关消防机构应当按照《中华人民共和国行政强制法》第五十一条、第五十二条的规定组织强制清除或者拆除相关障碍物、妨碍物，所需费用由违法行为人承担。

第二十七条　当事人不执行公安机关消防机构作出的停产停业、停止使用、停止施工决定的，作出决定的公安机关消防机构应当自履行期限届满之日起三个工作日内催告当事人履行义务。当事人收到催告书后有权进行陈述和申辩。公安机关消防机构应当充分听取当事人的意见，记录、复核当事人提出的事实、理由和证据。当事人提出的事实、理由或者证据成立的，应当采纳。

经催告，当事人逾期仍不履行义务且无正当理由的，公安机关消防机构负责人应当组织集体研究强制执行方案，确定执行的方式和时间。强制执行决定书应当自决定之日起三个工作日内制作、送达当事人。

第二十八条 强制执行由作出决定的公安机关消防机构负责人组织实施。需要公安机关其他部门或者公安派出所配合的，公安机关消防机构应当报请所属公安机关组织实施；需要其他行政部门配合的，公安机关消防机构应当提出意见，并由所属公安机关报请本级人民政府组织实施。

实施强制执行应当遵守下列规定：

（一）实施强制执行时，通知当事人到场，当场向当事人宣读强制执行决定，听取当事人的陈述和申辩；

（二）当事人不到场的，邀请见证人到场，由见证人和消防监督检查人员在现场笔录上签名或者盖章；

（三）对实施强制执行过程制作现场笔录，必要时，可以进行现场照相或者录音录像；

（四）除情况紧急外，不得在夜间或者法定节假日实施强制执行；

（五）不得对居民生活采取停止供水、供电、供热、供燃气等方式迫使当事人履行义务。

有《中华人民共和国行政强制法》第三十九条、第四十条规定的情形之一的，中止执行或者终结执行。

第二十九条 对被责令停止施工、停止使用、停产停业处罚的当事人申请恢复施工、使用、生产、经营的，公安机关消防机构应当自收到书面申请之日起三个工作日内进行检查，自检查之日起三个工作日内作出决定，送达当事人。

对当事人已改正消防安全违法行为、具备消防安全条件的，公安机关消防机构应当同意恢复施工、使用、生产、经营；对违法行为尚未改正、不具备消防安全条件的，应当不同意恢复施工、使用、生产、经营，并说明理由。

第四章　公安派出所日常
消防监督检查

第三十条　公安派出所对其日常监督检查范围的单位，应当每年至少进行一次日常消防监督检查。

公安派出所对群众举报投诉的消防安全违法行为，应当及时受理，依法处理；对属于公安机关消防机构管辖的，应当依照《公安机关办理行政案件程序规定》在受理后及时移送公安机关消防机构处理。

第三十一条　公安派出所对单位进行日常消防监督检查，应当检查下列内容：

（一）建筑物或者场所是否依法通过消防验收或者进行竣工验收消防备案，公众聚集场所是否依法通过投入使用、营业前的消防安全检查；

（二）是否制定消防安全制度；

（三）是否组织防火检查、消防安全宣传教育培训、灭火和应急疏散演练；

（四）消防车通道、疏散通道、安全出口是否畅通，室内消火栓、疏散指示标志、应急照明、灭火器是否完好有效；

（五）生产、储存、经营易燃易爆危险品的场所是否与居住场所设置在同一建筑物内。

对设有建筑消防设施的单位，公安派出所还应当检查单位是否对建筑消防设施定期组织维修保养。

对居民住宅区的物业服务企业进行日常消防监督检查，公安派出所除检查本条第一款第（二）至（四）项内容外，还应当检查物业服务企业对管理区域内共用消防设施是否进行维护管理。

第三十二条 公安派出所对居民委员会、村民委员会进行日常消防监督检查，应当检查下列内容：

（一）消防安全管理人是否确定；

（二）消防安全工作制度、村（居）民防火安全公约是否制定；

（三）是否开展消防宣传教育、防火安全检查；

（四）是否对社区、村庄消防水源（消火栓）、消防车通道、消防器材进行维护管理；

（五）是否建立志愿消防队等多种形式消防组织。

第三十三条 公安派出所民警在日常消防监督检查时，发现被检查单位有下列行为之一的，应当责令依法改正：

（一）未制定消防安全制度、未组织防火检查和消防安全教育培训、消防演练的；

（二）占用、堵塞、封闭疏散通道、安全出口的；

（三）占用、堵塞、封闭消防车通道，妨碍消防车通行的；

（四）埋压、圈占、遮挡消火栓或者占用防火间距的；

（五）室内消火栓、灭火器、疏散指示标志和应急照明未保持完好有效的；

（六）人员密集场所在外墙门窗上设置影响逃生和灭火救援的障碍物的；

（七）违反消防安全规定进入生产、储存易燃易爆危险品场所的；

（八）违反规定使用明火作业或者在具有火灾、爆炸危险的场所吸烟、使用明火的；

（九）生产、储存和经营易燃易爆危险品的场所与居住场所设置在同一建筑物内的；

（十）未对建筑消防设施定期组织维修保养的。

公安派出所发现被检查单位的建筑物未依法通过消防验收，或者进行竣工验收消防备案，擅自投入使用的；公众聚集场所未依法通过使用、营业前的消防安全检查，擅自使用、营业的，应当在检查之日起五个工作日内书面移交公安机关消防机构处理。

公安派出所民警进行日常消防监督检查，应当填写检查记录，记录发现的消防安全违法行为、责令改正的情况。

第三十四条 公安派出所在日常消防监督检查中，发现存在严重威胁公共安全的火灾隐患，应当在责令改正的同时书面报告乡镇人民政府或者街道办事处和公安机关消防机构。

第五章 执法监督

第三十五条 公安机关消防机构应当健全消防监督检查工作制度，建立执法档案，定期进行执法质量考评，落实执法过错责任追究。

公安机关消防机构及其工作人员进行消防监督检查，应当自觉接受单位和公民的监督。

第三十六条 公安机关消防机构及其工作人员在消防监督检查中有下列情形的，对直接负责的主管人员和其他直接责任人员应当依法给予处分；构成犯罪的，依法追究刑事责任：

（一）不按规定制作、送达法律文书，不按照本规定履行消防监督检查职责，拒不改正的；

（二）对不符合消防安全条件的公众聚集场所准予消防安全检查合格的；

（三）无故拖延消防安全检查，不在法定期限内履行职责的；

（四）未按照本规定组织开展消防监督抽查的；

（五）发现火灾隐患不及时通知有关单位或者个人整改的；

（六）利用消防监督检查职权为用户指定消防产品的品牌、销售单位或者指定消防技术服务机构、消防设施施工、维修保养单位的；

（七）接受被检查单位、个人财物或者其他不正当利益的；

（八）其他滥用职权、玩忽职守、徇私舞弊的行为。

第三十七条 公安机关消防机构工作人员的近亲属严禁在其管辖的区域或者业务范围内经营消防公司、承揽消防工程、推销消防产品。

违反前款规定的，按照有关规定对公安机关消防机构工作人员予以处分。

第六章　附　则

第三十八条 具有下列情形之一的，应当确定为火灾隐患：

（一）影响人员安全疏散或者灭火救援行动，不能立即改正的；

（二）消防设施未保持完好有效，影响防火灭火功能的；

（三）擅自改变防火分区，容易导致火势蔓延、扩大的；

（四）在人员密集场所违反消防安全规定，使用、储存易燃易爆危险品，不能立即改正的；

（五）不符合城市消防安全布局要求，影响公共安全的；

（六）其他可能增加火灾实质危险性或者危害性的情形。

重大火灾隐患按照国家有关标准认定。

第三十九条 有固定生产经营场所且具有一定规模的个体工商户，应当纳入消防监督检查范围。具体标准由省、自治区、直辖市公安机关消防机构确定并公告。

第四十条 铁路、港航、民航公安机关和国有林区的森林公安机关在管辖范围内实施消防监督检查参照本规定执行。

第四十一条 执行本规定所需要的法律文书式样，由公安部制定。

第四十二条 本规定自 2009 年 5 月 1 日起施行。2004 年 6 月 9 日发布的《消防监督检查规定》（公安部令第 73 号）同时废止。

火灾事故调查规定

中华人民共和国公安部令

第 121 号

《公安部关于修改〈火灾事故调查规定〉的决定》已经 2012 年 7 月 6 日公安部部长办公会议通过，现予发布，自 2012 年 11 月 1 日起施行。

公安部部长

二〇一二年七月十七日

（2009 年 4 月 30 日中华人民共和国公安部令第 108 号发布；根据 2012 年 7 月 6 日公安部部长办公会议通过的《公安部关于修改〈火灾事故调查规定〉的决定》修订）

第一章 总 则

第一条 为了规范火灾事故调查，保障公安机关消防机构依法履行职责，保护火灾当事人的合法权益，根据《中华人民共和国消防法》，制定本规定。

第二条　公安机关消防机构调查火灾事故，适用本规定。

第三条　火灾事故调查的任务是调查火灾原因，统计火灾损失，依法对火灾事故作出处理，总结火灾教训。

第四条　火灾事故调查应当坚持及时、客观、公正、合法的原则。

任何单位和个人不得妨碍和非法干预火灾事故调查。

第二章　管　辖

第五条　火灾事故调查由县级以上人民政府公安机关主管，并由本级公安机关消防机构实施；尚未设立公安机关消防机构的，由县级人民政府公安机关实施。

公安派出所应当协助公安机关火灾事故调查部门维护火灾现场秩序，保护现场，控制火灾肇事嫌疑人。

铁路、港航、民航公安机关和国有林区的森林公安机关消防机构负责调查其消防监督范围内发生的火灾。

第六条　火灾事故调查由火灾发生地公安机关消防机构按照下列分工进行：

（一）一次火灾死亡十人以上的，重伤二十人以上或者死亡、重伤二十人以上的，受灾五十户以上的，由省、自治区人民政府公安机关消防机构负责组织调查；

（二）一次火灾死亡一人以上的，重伤十人以上的，受灾三十户以上的，由设区的市或者相当于同级的人民政府公安机关消防机构负责组织调查；

（三）一次火灾重伤十人以下或者受灾三十户以下的，由县级人民政府公安机关消防机构负责调查。

直辖市人民政府公安机关消防机构负责组织调查一次火灾死亡三人以上的，重伤二十人以上或者死亡、重伤二十人以上的，受灾五十户以上的火灾事故，直辖市的区、县级人民政府公安机关消防机构负责调查其他火灾事故。

仅有财产损失的火灾事故调查，由省级人民政府公安机关结合本地实际作出管辖规定，报公安部备案。

第七条 跨行政区域的火灾，由最先起火地的公安机关消防机构按照本规定第六条的分工负责调查，相关行政区域的公安机关消防机构予以协助。

对管辖权发生争议的，报请共同的上一级公安机关消防机构指定管辖。县级人民政府公安机关负责实施的火灾事故调查管辖权发生争议的，由共同的上一级主管公安机关指定。

第八条 上级公安机关消防机构应当对下级公安机关消防机构火灾事故调查工作进行监督和指导。

上级公安机关消防机构认为必要时，可以调查下级公安机关消防机构管辖的火灾。

第九条 公安机关消防机构接到火灾报警，应当及时派员赶赴现场，并指派火灾事故调查人员开展火灾事故调查工作。

第十条 具有下列情形之一的，公安机关消防机构应当立即报告主管公安机关通知具有管辖权的公安机关刑侦部门，公安机关刑侦部门接到通知后应当立即派员赶赴现场参加调查；涉嫌放火罪的，公安机关刑侦部门应当依法立案侦查，公安机关消防机构予以协助：

（一）有人员死亡的火灾；

（二）国家机关、广播电台、电视台、学校、医院、养老院、托儿所、幼儿园、文物保护单位、邮政和通信、交通枢纽等部门和单位发生的社会影响大的火灾；

（三）具有放火嫌疑的火灾。

第十一条 军事设施发生火灾需要公安机关消防机构协助调查的，由省级人民政府公安机关消防机构或者公安部消防局调派火灾事故调查专家协助。

第三章 简易程序

第十二条 同时具有下列情形的火灾，可以适用简易调查程序：

（一）没有人员伤亡的；

（二）直接财产损失轻微的；

（三）当事人对火灾事故事实没有异议的；

（四）没有放火嫌疑的。

前款第二项的具体标准由省级人民政府公安机关确定，报公安部备案。

第十三条 适用简易调查程序的，可以由一名火灾事故调查人员调查，并按照下列程序实施：

（一）表明执法身份，说明调查依据；

（二）调查走访当事人、证人，了解火灾发生过程、火灾烧损的主要物品及建筑物受损等与火灾有关的情况；

（三）查看火灾现场并进行照相或者录像；

（四）告知当事人调查的火灾事故事实，听取当事人的意见，当事人提出的事实、理由或者证据成立的，应当采纳；

（五）当场制作火灾事故简易调查认定书，由火灾事故调查人员、当事人签字或者捺指印后交付当事人。

火灾事故调查人员应当在二日内将火灾事故简易调查认定书报所属公安机关消防机构备案。

第四章 一般程序

第一节 一般规定

第十四条 除依照本规定适用简易调查程序的外，公安机关消防机构对火灾进行调查时，火灾事故调查人员不得少于两人。必要时，可以聘请专家或者专业人员协助调查。

第十五条 公安部和省级人民政府公安机关应当成立火灾事故调查专家组，协助调查复杂、疑难的火灾。专家组的专家协助调查火灾的，应当出具专家意见。

第十六条 火灾发生地的县级公安机关消防机构应当根据火灾现场情况，排除现场险情，保障现场调查人员的安全，并初步划定现场封闭范围，设置警戒标志，禁止无关人员进入现场，控制火灾肇事嫌疑人。

公安机关消防机构应当根据火灾事故调查需要，及时调整现场封闭范围，并在现场勘验结束后及时解除现场封闭。

第十七条 封闭火灾现场的，公安机关消防机构应当在火灾现场对封闭的范围、时间和要求等予以公告。

第十八条 公安机关消防机构应当自接到火灾报警之日起三十日内作出火灾事故认定；情况复杂、疑难的，经上一级公安机关消防机构批准，可以延长三十日。

火灾事故调查中需要进行检验、鉴定的，检验、鉴定时间不计入调查期限。

第二节 现场调查

第十九条 火灾事故调查人员应当根据调查需要，对发现、扑救火灾人员，熟悉起火场所、部位和生产工艺人员，火灾肇事嫌疑人和被侵害人等知情人员进行询问。对火灾肇事嫌疑人可以依法传唤。必要时，可以要求被询问人到火灾现场进行指认。

询问应当制作笔录，由火灾事故调查人员和被询问人签名或者捺指印。被询问人拒绝签名和捺指印的，应当在笔录中注明。

第二十条 勘验火灾现场应当遵循火灾现场勘验规则，采取现场照相或者录像、录音，制作现场勘验笔录和绘制现场图等方法记录现场情况。

对有人员死亡的火灾现场进行勘验的，火灾事故调查人员应当对尸体表面进行观察并记录，对尸体在火灾现场的位置进行调查。

现场勘验笔录应当由火灾事故调查人员、证人或者当事人签名。证人、当事人拒绝签名或者无法签名的，应当在现场勘验笔录上注明。现场图应当由制图人、审核人签字。

第二十一条 现场提取痕迹、物品，应当按照下列程序实施：

（一）量取痕迹、物品的位置、尺寸，并进行照相或者录像；

（二）填写火灾痕迹、物品提取清单，由提取人、证人或者当事人签名；证人、当事人拒绝签名或者无法签名的，应当在清单上注明；

（三）封装痕迹、物品，粘贴标签，标明火灾名称和封装痕迹、物品的名称、编号及其提取时间，由封装人、证人或者当事人签名；证人、当事人拒绝签名或者无法签名的，应当在标签上注明。

提取的痕迹、物品，应当妥善保管。

第二十二条 根据调查需要，经负责火灾事故调查的公安机关消防机构负责人批准，可以进行现场实验。现场实验应当照相或者录像，制作现场实验报告，并由实验人员签字。现场实验报告应当载明下列事项：

（一）实验的目的；

（二）实验时间、环境和地点；

（三）实验使用的仪器或者物品；

（四）实验过程；

（五）实验结果；

（六）其他与现场实验有关的事项。

第三节　检验、鉴定

第二十三条 现场提取的痕迹、物品需要进行专门性技术鉴定的，公安机关消防机构应当委托依法设立的鉴定机构进行，并与鉴定机构约定鉴定期限和鉴定检材的保管期限。

公安机关消防机构可以根据需要委托依法设立的价格鉴证机构对火灾直接财产损失进行鉴定。

第二十四条　有人员死亡的火灾，为了确定死因，公安机关消防机构应当立即通知本级公安机关刑事科学技术部门进行尸体检验。公安机关刑事科学技术部门应当出具尸体检验鉴定文书，确定死亡原因。

第二十五条　卫生行政主管部门许可的医疗机构具有执业资格的医生出具的诊断证明，可以作为公安机关消防机构认定人身伤害程度的依据。但是，具有下列情形之一的，应当由法医进行伤情鉴定：

（一）受伤程度较重，可能构成重伤的；

（二）火灾受伤人员要求作鉴定的；

（三）当事人对伤害程度有争议的；

（四）其他应当进行鉴定的情形。

第二十六条　对受损单位和个人提供的由价格鉴证机构出具的鉴定意见，公安机关消防机构应当审查下列事项：

（一）鉴证机构、鉴证人是否具有资质、资格；

（二）鉴证机构、鉴证人是否盖章签名；

（三）鉴定意见依据是否充分；

（四）鉴定是否存在其他影响鉴定意见正确性的情形。

对符合规定的，可以作为证据使用；对不符合规定的，不予采信。

第四节　火灾损失统计

第二十七条　受损单位和个人应当于火灾扑灭之日起七日内向火灾发生地的县级公安机关消防机构如实申报火灾直接财产损失，并附有效证明材料。

第二十八条　公安机关消防机构应当根据受损单位和个人的申

报、依法设立的价格鉴证机构出具的火灾直接财产损失鉴定意见以及调查核实情况，按照有关规定，对火灾直接经济损失和人员伤亡进行如实统计。

第五节　火灾事故认定

第二十九条　公安机关消防机构应当根据现场勘验、调查询问和有关检验、鉴定意见等调查情况，及时作出起火原因的认定。

第三十条　对起火原因已经查清的，应当认定起火时间、起火部位、起火点和起火原因；对起火原因无法查清的，应当认定起火时间、起火点或者起火部位以及有证据能够排除和不能排除的起火原因。

第三十一条　公安机关消防机构在作出火灾事故认定前，应当召集当事人到场，说明拟认定的起火原因，听取当事人意见；当事人不到场的，应当记录在案。

第三十二条　公安机关消防机构应当制作火灾事故认定书，自作出之日起七日内送达当事人，并告知当事人申请复核的权利。无法送达的，可以在作出火灾事故认定之日起七日内公告送达。公告期为二十日，公告期满即视为送达。

第三十三条　对较大以上的火灾事故或者特殊的火灾事故，公安机关消防机构应当开展消防技术调查，形成消防技术调查报告，逐级上报至省级人民政府公安机关消防机构，重大以上的火灾事故调查报告报公安部消防局备案。调查报告应当包括下列内容：

（一）起火场所概况；

（二）起火经过和火灾扑救情况；

（三）火灾造成的人员伤亡、直接经济损失统计情况；

（四）起火原因和灾害成因分析；

（五）防范措施。

火灾事故等级的确定标准按照公安部的有关规定执行。

第三十四条 公安机关消防机构作出火灾事故认定后，当事人可以申请查阅、复制、摘录火灾事故认定书、现场勘验笔录和检验、鉴定意见，公安机关消防机构应当自接到申请之日起七日内提供，但涉及国家秘密、商业秘密、个人隐私或者移交公安机关其他部门处理的依法不予提供，并说明理由。

第六节 复 核

第三十五条 当事人对火灾事故认定有异议的，可以自火灾事故认定书送达之日起十五日内，向上一级公安机关消防机构提出书面复核申请；对省级人民政府公安机关消防机构作出的火灾事故认定有异议的，向省级人民政府公安机关提出书面复核申请。

复核申请应当载明申请人的基本情况，被申请人的名称，复核请求，申请复核的主要事实、理由和证据，申请人的签名或者盖章，申请复核的日期。

第三十六条 复核机构应当自收到复核申请之日起七日内作出是否受理的决定并书面通知申请人。有下列情形之一的，不予受理：

（一）非火灾当事人提出复核申请的；

（二）超过复核申请期限的；

（三）复核机构维持原火灾事故认定或者直接作出火灾事故复核认定的；

（四）适用简易调查程序作出火灾事故认定的。

公安机关消防机构受理复核申请的，应当书面通知其他当事人，同时通知原认定机构。

第三十七条 原认定机构应当自接到通知之日起十日内，向复核机构作出书面说明，并提交火灾事故调查案卷。

第三十八条 复核机构应当对复核申请和原火灾事故认定进行书面审查，必要时，可以向有关人员进行调查；火灾现场尚存且未被破坏的，可以进行复核勘验。

复核审查期间，复核申请人撤回复核申请的，公安机关消防机构应当终止复核。

第三十九条 复核机构应当自受理复核申请之日起三十日内，作出复核决定，并按照本规定第三十二条规定的时限送达申请人、其他当事人和原认定机构。对需要向有关人员进行调查或者火灾现场复核勘验的，经复核机构负责人批准，复核期限可以延长三十日。

原火灾事故认定主要事实清楚、证据确实充分、程序合法，起火原因认定正确的，复核机构应当维持原火灾事故认定。

原火灾事故认定具有下列情形之一的，复核机构应当直接作出火灾事故复核认定或者责令原认定机构重新作出火灾事故认定，并撤销原认定机构作出的火灾事故认定：

（一）主要事实不清，或者证据不确实充分的；

（二）违反法定程序，影响结果公正的；

（三）认定行为存在明显不当，或者起火原因认定错误的；

（四）超越或者滥用职权的。

第四十条 原认定机构接到重新作出火灾事故认定的复核决定后，应当重新调查，在十五日内重新作出火灾事故认定。

复核机构直接作出火灾事故认定和原认定机构重新作出火灾事故认定前，应当向申请人、其他当事人说明重新认定情况；原认定机构重新作出的火灾事故认定书，应当按照本规定第三十二条规定的时限送达当事人，并报复核机构备案。

复核以一次为限。当事人对原认定机构重新作出的火灾事故认定，可以按照本规定第三十五条的规定申请复核。

第五章　火灾事故调查的处理

第四十一条 公安机关消防机构在火灾事故调查过程中，应当根据下列情况分别作出处理：

（一）涉嫌失火罪、消防责任事故罪的，按照《公安机关办理刑事案件程序规定》立案侦查；涉嫌其他犯罪的，及时移送有关主管部门办理；

（二）涉嫌消防安全违法行为的，按照《公安机关办理行政案件程序规定》调查处理；涉嫌其他违法行为的，及时移送有关主管部门调查处理；

（三）依照有关规定应当给予处分的，移交有关主管部门处理。

对经过调查不属于火灾事故的，公安机关消防机构应当告知当事人处理途径并记录在案。

第四十二条　公安机关消防机构向有关主管部门移送案件的，应当在本级公安机关消防机构负责人批准后的二十四小时内移送，并根据案件需要附下列材料：

（一）案件移送通知书；

（二）案件调查情况；

（三）涉案物品清单；

（四）询问笔录，现场勘验笔录，检验、鉴定意见以及照相、录像、录音等资料；

（五）其他相关材料。

构成放火罪需要移送公安机关刑侦部门处理的，火灾现场应当一并移交。

第四十三条　公安机关其他部门应当自接受公安机关消防机构移送的涉嫌犯罪案件之日起十日内，进行审查并作出决定。依法决定立案的，应当书面通知移送案件的公安机关消防机构；依法不予立案的，应当说明理由，并书面通知移送案件的公安机关消防机构，退回案卷材料。

第四十四条　公安机关消防机构及其工作人员有下列行为之一的，依照有关规定给予责任人员处分；构成犯罪的，依法追究刑事责任：

（一）指使他人错误认定或者故意错误认定起火原因的；

（二）瞒报火灾、火灾直接经济损失、人员伤亡情况的；

（三）利用职务上的便利，索取或者非法收受他人财物的；

（四）其他滥用职权、玩忽职守、徇私舞弊的行为。

第六章　附　则

第四十五条　本规定中下列用语的含义：

（一）"当事人"，是指与火灾发生、蔓延和损失有直接利害关系的单位和个人。

（二）"户"，用于统计居民、村民住宅火灾，按照公安机关登记的家庭户统计。

（三）本规定中十五日以内（含本数）期限的规定是指工作日，不含法定节假日。

（四）本规定所称的"以上"含本数、本级，"以下"不含本数。

第四十六条　火灾事故调查中有关回避、证据、调查取证、鉴定等要求，本规定没有规定的，按照《公安机关办理行政案件程序规定》执行。

第四十七条　执行本规定所需要的法律文书式样，由公安部制定。

第四十八条　本规定自 2009 年 5 月 1 日起施行。1999 年 3 月 15 日发布施行的《火灾事故调查规定》（公安部令第 37 号）和 2008 年 3 月 18 日发布施行的《火灾事故调查规定修正案》（公安部令第 100 号）同时废止。

附　录

火灾统计管理规定

公安部　劳动部　国家统计局
关于重新印发《火灾统计管理规定》的通知
公通字〔1996〕82号

各省、自治区、直辖市公安厅、局，劳动（劳动人事）厅（局），统计局：

公安部、劳动部、国家统计局《关于颁布〈火灾统计管理规定〉的通知》（〔89〕公发26号文件）下发以来，对加强火灾统计工作发挥了重要作用。但随着改革开放的不断深入和市场经济的逐步建立，该规定中的部分条款弹性较大，在执行中难以操作。为了进一步深化火灾统计改革，健全火灾统计制度，公安部、劳动部、国家统计局决定对规定中的部分条款进行修改，并将修改后的《火灾统计管理规定》印发，请你们结合本地实际，认真贯彻执行。

公安部 劳动部
国家统计局
1996 年 11 月 11 日

第一条　为了加强火灾统计管理工作，保障火灾统计资料的准确性和及时性，充分发挥火灾统计在消防工作中的作用，根据《中华人民共和国统计法》和有关消防法规，制定本规定。

第二条　国家机关、社会团体、企业事业组织和个体工商户等火灾统计调查对象，必须依照《统计法》以及其他有关法规，如实提供火灾统计资料，不得虚报、瞒报、拒报、迟报，不得伪造、篡改。

第三条　火灾统计的基本任务是对火灾进行统计调查、统计分析，提供统计资料，实行统计监督。

第四条　凡在时间或空间上失去控制的燃烧所造成的灾害，都为火灾。

第五条　所有火灾不论损害大小，都列入火灾统计范围。

以下情况也列入火灾统计范围：

（一）易燃易爆化学物品燃烧爆炸引起的火灾；

（二）破坏性试验中引起非实验体的燃烧；

（三）机电设备因内部故障导致外部明火燃烧或者由此引起其他物件的燃烧；

（四）车辆、船舶、飞机以及其他交通工具的燃烧（飞机因飞行事故而导致本身燃烧的除外），或者由此引起其他物件的燃烧。

第六条　按照一次火灾事故所造成的人员伤亡、受灾户数和直接财产损失，火灾等级划分为三类：

（一）具有下列情形之一的火灾，为特大火灾：死亡十人以上（含本数，下同）；重伤二十人以上；死亡、重伤二十人以上；受灾五十户以上；直接财产损失一百万元以上。

（二）具有下列情形之一的火灾，为重大火灾：死亡三人以上；重伤十人以上；死亡、重伤十人以上；受灾三十户以上；直接财产损失三十万元以上。

（三）不具有前列两项情形的火灾，为一般火灾。

第七条 凡在火灾和火灾扑救过程中因烧、摔、砸、炸、窒息、中毒、触电、高温、辐射等原因所致的人员伤亡列入火灾伤亡统计范围。其中死亡以火灾发生后七天内死亡为限，伤残统计标准按劳动部的有关规定认定。

第八条 火灾损失分直接财产损失和间接财产损失两项统计。

火灾直接财产损失是指被烧毁、烧损、烟熏和灭火中破拆、水渍以及因火灾引起的污染等所造成的损失。

火灾间接财产损失是指因火灾而停工、停产、停业所造成的损失，以及现场施救、善后处理费用（包括清理火场、人身伤亡之后所支出医疗、丧葬、抚恤、补助救济、歇工工资等费用）。

火灾直接财产损失和火灾间接财产损失的计算方法按公安部有关规定执行。

第九条 火灾统计管理，按照"谁监督、谁统计"的原则，实行统一领导，分级、分部门管理。

（一）全国火灾统计工作，由公安部统一归口管理，负责掌握火灾情况，汇总和公布火灾统计资料，实施火灾统计监督。

（二）省（自治区、直辖市）、市（地、盟）、县（区、旗）、乡镇的火灾统计工作，分别由各级公安部门负责，行使相应的管理监督职能。

（三）火灾统计表式、内容、计算方法和统计编码，由公安部负责制定并报国家统计局备案。

（四）接受地方公安部门监督的单位发生火灾，由所在地公安部门负责统计。

（五）跨区域的油田、管道、交通工具等发生火灾，由起火地公安部门负责统计。

（六）由铁道、交通、民航公安部门实施消防监督的单位，其火灾统计分别由铁道、交通、民航公安部门负责。

（七）军队、矿井地下部分、森林发生的火灾，分别由其主管部门负责统计。

（八）一起火灾如涉及到几个独立的统计调查单位，其火灾统计由主管起火单位监督工作的公安部门负责。

第十条　发生火灾后，受灾单位及其主管部门必须如实提供统计资料，报当地公安部门审核。

各省、自治区、直辖市公安厅、局，铁道、交通、民航公安局须在每月十二日以前将上月火灾数据报公安部消防局。全年的火灾数据（含补报）在次年的一月十二日以前上报。

军队、矿井地下部分的主管部门，于当年七月和次年一月，向公安部消防局报半年和全年的火灾数据。

第十一条　发生特大火灾，省、自治区、直辖市公安厅、局消防局和铁道、交通、民航公安局须在二十四小时内向公安部消防局报告火灾基本情况，并及时续报、补报，火灾发生后一个月内上报特大火灾专题报告。

军队、矿井地下部分发生特大火灾，其主管部门应当及时将有关情况报公安部消防局。

国家重点文物保护单位、国家重点建设项目发生火灾，直接财产损失虽不足一百万元，但政治、经济影响较大的，也按本条规定执行。

发生重大火灾，市（地）公安消防部门要及时上报省、自治区、直辖市公安消防部门。

第十二条　企业和个体经济组织发生火灾伤亡事故的，要按照《国务院关于特别重大事故调查程序暂行规定》、国务院《企业职工伤亡事故报告和处理规定》及劳动部、国家统计局《企业职工伤亡事故统计报表制度》等规定执行，将伤亡事故情况在上报公安消防部门的同时，上报劳动部门。

第十三条　各级公安消防监督机构应当根据火灾统计工作的实际需要配备专职或兼职统计人员，建立健全火灾统计管理制度，加强统计计算和数据传输技术的现代化建设，保障统计资料的准确性和及时性。

第十四条 火灾统计资料应当建立档案。

第十五条 火灾统计资料由公安、统计部门负责向有关部门通报或公布。全国和各地的火灾统计资料在尚未公布前，任何单位和个人不得擅自向外界提供和公布。

第十六条 负责火灾统计监督的公安消防部门，应当依法履行下列火灾统计监督、管理职责：

（一）监督有关单位和个人如实提供火灾统计资料；

（二）调查、收集和核实有关火灾统计资料，检查各种原始记录和台帐，监督改正不实的火灾统计资料；

（三）如实向上级公安消防部门报告火灾统计调查和分析的资料；

（四）检查、监督火灾统计法规和火灾统计工作制度的执行情况，提出改进工作的意见和建议；

（五）控告和检举火灾统计工作的弄虚作假行为。

第十七条 火灾发生后隐瞒不报，故意拖延报告期限，故意伪造、篡改统计帐目，干扰阻碍火灾统计调查，或者无正当理由拒绝提供有关情况和资料的，公安、统计部门依照《统计法》的有关规定追究法律责任。

第十八条 本规定自1997年1月1日起施行。

第十九条 本规定由公安部负责解释和修改。过去有关规定与本规定有抵触的，按本规定执行。

消防工作考核办法

国务院办公厅关于印发消防工作考核办法的通知

国办发〔2013〕16 号

各省、自治区、直辖市人民政府，国务院各部委、各直属机构：

《消防工作考核办法》已经国务院同意，现印发给你们，请认真贯彻执行。

国务院办公厅

2013 年 2 月 26 日

第一条 为严格落实消防工作责任，有效预防火灾和减少火灾危害，进一步提高公共消防安全水平，根据《中华人民共和国消防法》和《国务院关于加强和改进消防工作的意见》（国发〔2011〕46 号）等有关规定，制定本办法。

第二条 消防工作考核是指对各省、自治区、直辖市年度消防工作完成情况进行考核。

地方政府主要负责人为本地区消防工作第一责任人，分管负责人为主要责任人。

第三条 考核工作由公安部牵头，会同中央综治办、发展改革委、监察部、民政部、财政部、住房城乡建设部、文化部、安全监管总局组成考核工作组，负责组织实施。

第四条 考核工作组每年 4 月底前对各省、自治区、直辖市上一年度消防工作完成情况进行考核，并将考核结果上报国务院。

第五条 考核工作坚持客观公正、科学合理、公开透明、求真务实的原则。

第六条 考核内容包括火灾预防、消防安全基础、消防安全责任三个部分。

第七条 考核工作组结合每年初各省、自治区、直辖市报国务院的消防工作专题报告，通过听取汇报、查阅资料、座谈走访、暗访调查等方式，按照考核计分表和实施细则逐项细化并进行量化评分。

考核采用评分法，满分为 100 分。考核结果分为优秀、良好、合格、不合格四个等级。考核得分 90 分以上为优秀，80 分以上 90 分以下为良好，60 分以上 80 分以下为合格，60 分以下为不合格。（以上包括本数，以下不包括本数）

考核工作实施细则，由考核工作组根据经济社会发展情况，结合消防工作实际研究制定。

第八条 考核结果经国务院审定后，由公安部向各省、自治区、直辖市政府和有关部门进行通报。对考核结果为优秀的予以表扬，有关部门在相关项目安排上优先予以考虑。

考核结果为不合格的省、自治区、直辖市政府，应在考核结果通报后一个月内，提出整改措施，向国务院作出书面报告，抄送考核工作组各成员单位。

第九条 经国务院审定后的考核结果，交由中央干部主管部门，作为对各省、自治区、直辖市政府主要负责人和领导班子综合考核评价的重要依据。

第十条 对在考核工作中弄虚作假、瞒报虚报情况的，予以通报批评，对有关责任人员依法依纪追究责任。

第十一条 各省、自治区、直辖市政府应根据本办法，结合当地实际，对本行政区域内各级政府消防工作进行考核。

第十二条 本办法自印发之日起施行。

全国普法学习读本
★ ★ ★ ★ ★

>>>>>>>>>>

消防安全法律法规学习读本
消防教育法律法规

■ 魏光朴　主编

加大全民普法力度，建设社会主义法治文化，树立宪法法律
至上、法律面前人人平等的法治理念。

——中国共产党第十九次全国代表大会《决胜全面建
成小康社会　夺取新时代中国特色社会主义伟大胜利》

汕头大学出版社

图书在版编目（CIP）数据

消防教育法律法规／魏光朴主编．-- 汕头：汕头
大学出版社（2021．7重印）
　（消防安全法律法规学习读本）
　ISBN 978-7-5658-3337-3

　Ⅰ．①消… Ⅱ．①魏… Ⅲ．①消防法-中国-学习参
考资料 Ⅳ．①D922.144

　中国版本图书馆 CIP 数据核字（2018）第 000724 号

消防教育法律法规　　XIAOFANG JIAOYU FALÜ FAGUI

主　　编：魏光朴
责任编辑：邹　峰
责任技编：黄东生
封面设计：大华文苑
出版发行：汕头大学出版社
　　　　　广东省汕头市大学路 243 号汕头大学校园内　邮政编码：515063
电　　话：0754-82904613
印　　刷：三河市南阳印刷有限公司
开　　本：690mm×960mm 1/16
印　　张：18
字　　数：226 千字
版　　次：2018 年 1 月第 1 版
印　　次：2021 年 7 月第 2 次印刷
定　　价：59.60 元（全 2 册）
ISBN 978-7-5658-3337-3

前　言

习近平总书记指出："推进全民守法，必须着力增强全民法治观念。要坚持把全民普法和守法作为依法治国的长期基础性工作，采取有力措施加强法制宣传教育。要坚持法治教育从娃娃抓起，把法治教育纳入国民教育体系和精神文明创建内容，由易到难、循序渐进不断增强青少年的规则意识。要健全公民和组织守法信用记录，完善守法诚信褒奖机制和违法失信行为惩戒机制，形成守法光荣、违法可耻的社会氛围，使遵法守法成为全体人民共同追求和自觉行动。"

中共中央、国务院曾经转发了中央宣传部、司法部关于在公民中开展法治宣传教育的规划，并发出通知，要求各地区各部门结合实际认真贯彻执行。通知指出，全民普法和守法是依法治国的长期基础性工作。深入开展法治宣传教育，是全面建成小康社会和新农村的重要保障。

普法规划指出：各地区各部门要根据实际需要，从不同群体的特点出发，因地制宜开展有特色的法治宣传教育坚持集中法治宣传教育与经常性法治宣传教育相结合，深化法律进机关、进乡村、进社区、进学校、进企业、进单位的"法律六进"主题活动，完善工作标准，建立长效机制。

特别是农业、农村和农民问题，始终是关系党和人民事业发展的全局性和根本性问题。党中央、国务院发布的《关于推进社会主义新农村建设的若干意见》中明确提出要"加强农村法制建设，深入开展农村普法教育，增强农民的法制观念，提高农民依法行使权利和履行义务的自觉性。"多年普法实践证明，普及法律知识，提高法制观念，增强全社会依法办事意识具有重要作用。特别是在广大农村进行普法教育，是提高全民法律素质的需要。

多年来，我国在农村实行的改革开放取得了极大成功，农村发生了翻天覆地的变化，广大农民生活水平大大得到了提高。但是，由于历史和社会等原因，现阶段我国一些地区农民文化素质还不高，不学法、不懂法、不守法现象虽然较原来有所改变，但仍有相当一部分群众的法制观念仍很淡化，不懂、不愿借助法律来保护自身权益，这就极易受到不法的侵害，或极易进行违法犯罪活动，严重阻碍了全面建成小康社会和新农村步伐。

为此，根据党和政府的指示精神以及普法规划，特别是根据广大农村农民的现状，在有关部门和专家的指导下，特别编辑了这套《全国普法学习读本》。主要包括了广大人民群众应知应懂、实际实用的法律法规。为了辅导学习，附录还收入了相应法律法规的条例准则、实施细则、解读解答、案例分析等；同时为了突出法律法规的实际实用特点，兼顾地方性和特殊性，附录还收入了部分某些地方性法律法规以及非法律法规的政策文件、管理制度、应用表格等内容，拓展了本书的知识范围，使法律法规更"接地气"，便于读者学习掌握和实际应用。

在众多法律法规中，我们通过甄别，淘汰了废止的，精选了最新的、权威的和全面的。但有部分法律法规有些条款不适应当下情况了，却没有颁布新的，我们又不能擅自改动，只得保留原有条款，但附录却有相应的补充修改意见或通知等。众多法律法规根据不同内容和受众特点，经过归类组合，优化配套。整套普法读本非常全面系统，具有很强的学习性、实用性和指导性，非常适合用于广大农村和城乡普法学习教育与实践指导。总之，是全国全民普法的良好读本。

目　录

社会消防安全教育培训规定

注册消防工程师制度暂行规定

注册消防工程师管理规定

农家乐（民宿）建筑防火导则（试行）

消防产品监督管理规定

社会消防安全教育培训规定

中华人民共和国公安部、中华人民共和国教育部
中华人民共和国民政部、人力资源和社会保障部
中华人民共和国住房和城乡建设部
中华人民共和国文化部、国家广播电影电视总局
国家安全生产监督管理总局、国家旅游局令
第 109 号

《社会消防安全教育培训规定》已经 2008 年 12 月
30 日公安部办公会议通过，并经教育部、民政部、人
力资源和社会保障部、住房和城乡建设部、文化部、
广电总局、安全监管总局、国家旅游局同意，现予发
布，自 2009 年 6 月 1 日起施行。

公安部部长
教育部部长
民政部部长
人力资源和社会保障部部长

住房和城乡建设部部长

文化部部长

国家广播电影电视总局局长

国家安全生产监督管理总局局长

国家旅游局局长

2009 年 5 月 22 日

第一章 总 则

第一条 为了加强社会消防安全教育培训工作，提高公民消防安全素质，有效预防火灾，减少火灾危害，根据《中华人民共和国消防法》等有关法律法规，制定本规定。

第二条 机关、团体、企业、事业等单位（以下统称单位）、社区居民委员会、村民委员会依照本规定开展消防安全教育培训工作。

第三条 公安、教育、民政、人力资源和社会保障、住房和城乡建设、文化、广电、安全监管、旅游、文物等部门应当按照各自职能，依法组织和监督管理消防安全教育培训工作，并纳入相关工作检查、考评。

各部门应当建立协作机制，定期研究、共同做好消防安全教育培训工作。

第四条 消防安全教育培训的内容应当符合全国统一的消防安全教育培训大纲的要求，主要包括：

（一）国家消防工作方针、政策；

（二）消防法律法规；

（三）火灾预防知识；

（四）火灾扑救、人员疏散逃生和自救互救知识；

（五）其他应当教育培训的内容。

第二章　管理职责

第五条　公安机关应当履行下列职责，并由公安机关消防机构具体实施：

（一）掌握本地区消防安全教育培训工作情况，向本级人民政府及相关部门提出工作建议；

（二）协调有关部门指导和监督社会消防安全教育培训工作；

（三）会同教育行政部门、人力资源和社会保障部门对消防安全专业培训机构实施监督管理；

（四）定期对社区居民委员会、村民委员会的负责人和专（兼）职消防队、志愿消防队的负责人开展消防安全培训。

第六条　教育行政部门应当履行下列职责：

（一）将学校消防安全教育培训工作纳入教育培训规划，并进行教育督导和工作考核；

（二）指导和监督学校将消防安全知识纳入教学内容；

（三）将消防安全知识纳入学校管理人员和教师在职培训内容；

（四）依法在职责范围内对消防安全专业培训机构进行审批和监督管理。

第七条　民政部门应当履行下列职责：

（一）将消防安全教育培训工作纳入减灾规划并组织实施，结合救灾、扶贫济困和社会优抚安置、慈善等工作开展消防安全教育；

（二）指导社区居民委员会、村民委员会和各类福利机构开展消防安全教育培训工作；

（三）负责消防安全专业培训机构的登记，并实施监督管理。

第八条 人力资源和社会保障部门应当履行下列职责：

（一）指导和监督机关、企业和事业单位将消防安全知识纳入干部、职工教育、培训内容；

（二）依法在职责范围内对消防安全专业培训机构进行审批和监督管理。

第九条 住房和城乡建设行政部门应当指导和监督勘察设计单位、施工单位、工程监理单位、施工图审查机构、城市燃气企业、物业服务企业、风景名胜区经营管理单位和城市公园绿地管理单位等开展消防安全教育培训工作，将消防法律法规和工程建设消防技术标准纳入建设行业相关执业人员的继续教育和从业人员的岗位培训及考核内容。

第十条 文化、文物行政部门应当积极引导创作优秀消防安全文化产品，指导和监督文物保护单位、公共娱乐场所和公共图书馆、博物馆、文化馆、文化站等文化单位开展消防安全教育培训工作。

第十一条 广播影视行政部门应当指导和协调广播影视制作机构和广播电视播出机构，制作、播出相关消防安全节目，开展公益性消防安全宣传教育，指导和监督电影院开展消防安全教育培训工作。

第十二条 安全生产监督管理部门应当履行下列职责：

（一）指导、监督矿山、危险化学品、烟花爆竹等生产经营单位开展消防安全教育培训工作；

（二）将消防安全知识纳入安全生产监管监察人员和矿山、危险化学品、烟花爆竹等生产经营单位主要负责人、安全生产管理人员以及特种作业人员培训考核内容；

（三）将消防法律法规和有关消防技术标准纳入注册安全工程师培训及执业资格考试内容。

第十三条 旅游行政部门应当指导和监督相关旅游企业开展消防安全教育培训工作，督促旅行社加强对游客的消防安全教育，并将消防安全条件纳入旅游饭店、旅游景区等相关行业标准，将消防安全知识纳入旅游从业人员的岗位培训及考核内容。

第三章 消防安全教育培训

第十四条 单位应当根据本单位的特点，建立健全消防安全教育培训制度，明确机构和人员，保障教育培训工作经费，按照下列规定对职工进行消防安全教育培训：

（一）定期开展形式多样的消防安全宣传教育；

（二）对新上岗和进入新岗位的职工进行上岗前消防安全培训；

（三）对在岗的职工每年至少进行一次消防安全培训；

（四）消防安全重点单位每半年至少组织一次、其他单位每年至少组织一次灭火和应急疏散演练。

单位对职工的消防安全教育培训应当将本单位的火灾危险性、防火灭火措施、消防设施及灭火器材的操作使用方法、人员疏散逃生知识等作为培训的重点。

第十五条 各级各类学校应当开展下列消防安全教育工作：

（一）将消防安全知识纳入教学内容；

（二）在开学初、放寒（暑）假前、学生军训期间，对学生普遍开展专题消防安全教育；

（三）结合不同课程实验课的特点和要求，对学生进行有针对性的消防安全教育；

（四）组织学生到当地消防站参观体验；

（五）每学年至少组织学生开展一次应急疏散演练；

（六）对寄宿学生开展经常性的安全用火用电教育和应急疏散演练。

各级各类学校应当至少确定一名熟悉消防安全知识的教师担任消防安全课教员，并选聘消防专业人员担任学校的兼职消防辅导员。

第十六条 中小学校和学前教育机构应当针对不同年龄阶段学生认知特点，保证课时或者采取学科渗透、专题教育的方式，每学期对学生开展消防安全教育。

小学阶段应当重点开展火灾危险及危害性、消防安全标志标识、日常生活防火、火灾报警、火场自救逃生常识等方面的教育。

初中和高中阶段应当重点开展消防法律法规、防火灭火基本知识和灭火器材使用等方面的教育。

学前教育机构应当采取游戏、儿歌等寓教于乐的方式，对幼儿开展消防安全常识教育。

第十七条 高等学校应当每学年至少举办一次消防安全专题讲座，在校园网络、广播、校内报刊等开设消防安全教育栏目，对学生进行消防法律法规、防火灭火知识、火灾自救他救知识和火灾案例教育。

第十八条 国家支持和鼓励有条件的普通高等学校和中等职业学校根据经济社会发展需要，设置消防类专业或者开设消防类课程，培养消防专业人才，并依法面向社会开展消防安全培训。

人民警察训练学校应当根据教育培训对象的特点，科学安排培训内容，开设消防基础理论和消防管理课程，并列入学生必修课程。

师范院校应当将消防安全知识列入学生必修内容。

第十九条 社区居民委员会、村民委员会应当开展下列消防安全教育工作：

（一）组织制定防火安全公约；

（二）在社区、村庄的公共活动场所设置消防宣传栏，利用文化活动站、学习室等场所，对居民、村民开展经常性的消防安全宣传教育；

（三）组织志愿消防队、治安联防队和灾害信息员、保安人员等开展消防安全宣传教育；

（四）利用社区、乡村广播、视频设备定时播放消防安全常识，在火灾多发季节、农业收获季节、重大节日和乡村民俗活动期间，有针对性地开展消防安全宣传教育。

社区居民委员会、村民委员会应当确定至少一名专（兼）职消防安全员，具体负责消防安全宣传教育工作。

第二十条 物业服务企业应当在物业服务工作范围内，根据实际情况积极开展经常性消防安全宣传教育，每年至少组织一次本单位员工和居民参加的灭火和应急疏散演练。

第二十一条 由两个以上单位管理或者使用的同一建筑物，

负责公共消防安全管理的单位应当对建筑物内的单位和职工进行消防安全宣传教育，每年至少组织一次灭火和应急疏散演练。

第二十二条　歌舞厅、影剧院、宾馆、饭店、商场、集贸市场、体育场馆、会堂、医院、客运车站、客运码头、民用机场、公共图书馆和公共展览馆等公共场所应当按照下列要求对公众开展消防安全宣传教育：

（一）在安全出口、疏散通道和消防设施等处的醒目位置设置消防安全标志、标识等；

（二）根据需要编印场所消防安全宣传资料供公众取阅；

（三）利用单位广播、视频设备播放消防安全知识。

养老院、福利院、救助站等单位，应当对服务对象开展经常性的用火用电和火场自救逃生安全教育。

第二十三条　旅游景区、城市公园绿地的经营管理单位、大型群众性活动主办单位应当在景区、公园绿地、活动场所醒目位置设置疏散路线、消防设施示意图和消防安全警示标识，利用广播、视频设备、宣传栏等开展消防安全宣传教育。

导游人员、旅游景区工作人员应当向游客介绍景区消防安全常识和管理要求。

第二十四条　在建工程的施工单位应当开展下列消防安全教育工作：

（一）建设工程施工前应当对施工人员进行消防安全教育；

（二）在建设工地醒目位置、施工人员集中住宿场所设置消防安全宣传栏，悬挂消防安全挂图和消防安全警示标识；

（三）对明火作业人员进行经常性的消防安全教育；

（四）组织灭火和应急疏散演练。

在建工程的建设单位应当配合施工单位做好上述消防安全

教育工作。

第二十五条　新闻、广播、电视等单位应当积极开设消防安全教育栏目，制作节目，对公众开展公益性消防安全宣传教育。

第二十六条　公安、教育、民政、人力资源和社会保障、住房和城乡建设、安全监管、旅游部门管理的培训机构，应当根据教育培训对象特点和实际需要进行消防安全教育培训。

第四章　消防安全培训机构

第二十七条　国家机构以外的社会组织或者个人利用非国家财政性经费，举办消防安全专业培训机构，面向社会从事消防安全专业培训的，应当经省级教育行政部门或者人力资源和社会保障部门依法批准，并到省级民政部门申请民办非企业单位登记。

第二十八条　成立消防安全专业培训机构应当符合下列条件：

（一）具有法人条件，有规范的名称和必要的组织机构；

（二）注册资金或者开办费一百万元以上；

（三）有健全的组织章程和培训、考试制度；

（四）具有与培训规模和培训专业相适应的专（兼）职教员队伍；

（五）有同时培训二百人以上规模的固定教学场所、训练场地，具有满足技能培训需要的消防设施、设备和器材；

（六）消防安全专业培训需要的其他条件。

前款第（四）项所指专（兼）职教员队伍中，专职教员应当不少于教员总数的二分之一；具有建筑、消防等相关专业中级以上职称，并有五年以上消防相关工作经历的教员不少于十人；消防安全管理、自动消防设施、灭火救援等专业课程应当分别配备理论教员和实习操作教员不少于两人。

第二十九条　申请成立消防安全专业培训机构，依照国家有关法律法规，应当向省级教育行政部门或者人力资源和社会保障部门申请。

省级教育行政部门或者人力资源和社会保障部门受理申请后，可以征求同级公安机关消防机构的意见。

省级公安机关消防机构收到省级教育行政部门或者人力资源和社会保障部门移送的申请材料后，应当配合对申请成立消防安全培训专业机构的师资条件、场地和设施、设备、器材等进行核查，并出具书面意见。

教育行政部门或者人力资源和社会保障部门根据有关民办职业培训机构的规定，并综合公安机关消防机构出具的书面意见进行评定，符合条件的予以批准，并向社会公告。

第三十条　消防安全专业培训机构应当按照有关法律法规、规章和章程规定，开展消防安全专业培训，保证培训质量。

消防安全专业培训机构开展消防安全专业培训，应当将消防安全管理、建筑防火和自动消防设施施工、操作、检测、维护技能作为培训的重点，对经理论和技能操作考核合格的人员，颁发培训证书。

消防安全专业培训的收费标准，应当符合国家有关规定，并向社会公布。

第三十一条　省级教育行政部门或者人力资源和社会保障部门应当依法对消防安全专业培训机构进行管理，监督、指导消防安全专业培训机构依法开展活动。

省级教育行政部门或者人力资源和社会保障部门应当对消防安全专业培训机构定期组织质量评估，并向社会公布监督评估情况。省级教育行政部门或者人力资源和社会保障部门在对消防安全专业培训机构进行质量评估时，可以邀请公安机关消防机构专业人员参加。

第五章　奖　惩

第三十二条　地方各级人民政府及有关部门对在消防安全教育培训工作中有突出贡献或者成绩显著的单位和个人，应当给予表彰奖励。

单位对消防安全教育培训工作成绩突出的职工，应当给予表彰奖励。

第三十三条　地方各级人民政府公安、教育、民政、人力资源和社会保障、住房和城乡建设、文化、广电、安全监管、旅游、文物等部门不依法履行消防安全教育培训工作职责的，上级部门应当给予批评；对直接责任人员由上级部门和所在单位视情节轻重，根据权限依法给予批评教育或者建议有权部门给予处分。

公安机关消防机构工作人员在协助审查消防安全专业培训机构的工作中疏于职守的，由上级机关责令改正；情节严重的，对直接负责的主管人员和其他直接责任人员依法给予处分。

第三十四条　学校未按照本规定第十五条、第十六条、第十七条、第十八条规定开展消防安全教育工作的，教育、公安、人力资源和社会保障等主管部门应当按照职责分工责令其改正，并视情对学校负责人和其他直接责任人员给予处分。

第三十五条 单位违反本规定，构成违反消防管理行为的，由公安机关消防机构依照《中华人民共和国消防法》予以处罚。

第三十六条 社会组织或者个人未经批准擅自举办消防安全专业培训机构的，或者消防安全专业培训机构在培训活动中有违法违规行为的，由教育、人力资源和社会保障、民政等部门依据各自职责依法予以处理。

第六章　附　则

第三十七条 全国统一的消防安全教育培训大纲由公安部会同教育部、人力资源和社会保障部共同制定。

附　录

社会消防技术服务管理规定

中华人民共和国公安部令

第 129 号

《社会消防技术服务管理规定》已经 2013 年 10 月 18 日公安部部长办公会议通过，现予发布，自 2014 年 5 月 1 日起施行。

公安部部长

2014 年 2 月 3 日

（2013 年 10 月 18 日公安部部长办公会议通过；根据 2016 年 1 月 14 日中华人民共和国公安部令第 136 号修改）

第一章　总　则

第一条　为规范社会消防技术服务活动，建立公平竞争的消防技术服务市场秩序，促进提高消防技术服务质量，根据《中华人民共和国消防法》，制定本规定。

第二条 在中华人民共和国境内从事社会消防技术服务活动、对消防技术服务机构实施资质许可和监督管理，适用本规定。

本规定所称消防技术服务机构是指从事消防设施维护保养检测、消防安全评估等消防技术服务活动的社会组织。

第三条 消防技术服务机构及其从业人员开展社会消防技术服务活动应当遵循客观独立、合法公正、诚实信用的原则。

本规定所称消防技术服务从业人员，是指依法取得注册消防工程师资格并在消防技术服务机构中执业的专业技术人员，以及按照有关规定取得相应消防行业特有工种职业资格，在消防技术服务机构中从事消防设施维护保养检测的一般操作人员。

第四条 国家对消防技术服务机构实行资质许可制度。消防技术服务机构应当取得相应消防技术服务机构资质证书（以下简称资质证书），并在资质证书确定的业务范围内从事消防技术服务活动。

第五条 鼓励依托消防协会成立消防技术服务行业协会。消防技术服务行业协会应当加强行业自律管理，组织制定并公布消防技术服务行业自律管理制度和执业准则，弘扬诚信执业、公平竞争、服务社会理念，规范执业行为，促进提升服务质量，反对不正当竞争和垄断，维护行业、会员合法权益，促进行业健康发展。

消防协会、消防技术服务行业协会不得从事营利性社会消防技术服务活动，不得从事或者通过消防技术服务机构进行行业垄断。

第二章　资质条件

第六条　消防设施维护保养检测机构的资质分为一级、二级和三级，消防安全评估机构的资质分为一级和二级。

第七条　消防设施维护保养检测机构三级资质应当具备下列条件：

（一）企业法人资格；

（二）维修用房满足维修灭火器品种和数量的要求，且建筑面积一百平方米以上；

（三）与灭火器维修业务范围相适应的仪器、设备、设施；

（四）注册消防工程师一人以上，具有灭火器维修技能的人员五人以上；

（五）健全的质量管理制度；

（六）法律、行政法规规定的其他条件。

第八条　消防设施维护保养检测机构二级资质应当具备下列条件：

（一）企业法人资格，场所建筑面积二百平方米以上；

（二）与消防设施维护保养检测业务范围相适应的仪器、设备、设施；

（三）注册消防工程师六人以上，其中一级注册消防工程师至少三人；

（四）操作人员取得中级技能等级以上建（构）筑物消防员职业资格证书，其中高级技能等级以上至少占百分之三十；

（五）健全的质量管理体系；

（六）法律、行政法规规定的其他条件。

第九条　消防设施维护保养检测机构一级资质应当具备下

列条件：

（一）取得消防设施维护保养检测机构二级资质三年以上，且申请之日前三年内无违法执业行为记录；

（二）场所建筑面积三百平方米以上；

（三）与消防设施维护保养检测业务范围相适应的仪器、设备、设施；

（四）注册消防工程师十人以上，其中一级注册消防工程师至少六人；

（五）操作人员取得中级技能等级以上建（构）筑物消防员职业资格证书，其中高级技能等级以上至少占百分之三十；

（六）健全的质量管理体系；

（七）申请之日前三年内从事过至少二十项设有自动消防设施的单体建筑面积二万平方米以上的工业建筑、民用建筑的消防设施维护保养检测活动；

（八）法律、行政法规规定的其他条件。

第十条 消防安全评估机构二级资质应当具备下列条件：

（一）法人资格，场所建筑面积一百平方米以上；

（二）与消防安全评估业务范围相适应的设备、设施和必要的技术支撑条件；

（三）注册消防工程师八人以上，其中一级注册消防工程师至少四人；

（四）健全的消防安全评估过程控制体系；

（五）法律、行政法规规定的其他条件。

第十一条 消防安全评估机构一级资质应当具备下列条件：

（一）取得消防安全评估机构二级资质三年以上，且申请之日前三年内无违法执业行为记录；

（二）场所建筑面积二百平方米以上；

（三）与消防安全评估业务范围相适应的设备、设施和必要的技术支撑条件；

（四）注册消防工程师十二人以上，其中一级注册消防工程师至少八人；

（五）健全的消防安全评估过程控制体系；

（六）申请之日前三年内从事过至少十项单体建筑面积三万平方米以上的工业建筑、民用建筑的消防安全评估活动；

（七）法律、行政法规规定的其他条件。

第十二条 一个消防技术服务机构可以同时取得两项以上消防技术服务机构资质。同时取得两项以上消防技术服务机构资质的，应当具备下列条件：

（一）场所建筑面积三百平方米以上；

（二）注册消防工程师数量不少于拟同时取得的各单项资质条件要求的注册消防工程师人数之和的百分之八十，且不得低于任一单项资质条件的人数；

（三）拟同时取得的各单项资质的其他条件。

第十三条 在本规定实施前已经从事消防设施维护保养检测、消防安全评估活动三年以上，且符合本规定第九条、第十一条规定的资质条件的（二级资质从业时间除外），可以自本规定实施之日起六个月内申请临时一级资质。

临时一级资质有效期为二年，期限届满后，可以依照本规定申请相应的资质。

第十四条 一级资质的消防安全评估机构可以在全国范围内执业。其他消防技术服务机构可以在许可所在省、自治区、直辖市范围内执业。

第十五条 具备下列条件的一级资质的消防设施维护保养检测机构可以跨省、自治区、直辖市执业，但应当在拟执业的省、自治区、直辖市设立分支机构：

（一）取得一级资质二年以上，申请之日前二年内无违法执业行为记录；

（二）注册消防工程师十人以上，其中一级注册消防工程师至少八人，不包括拟转到分支机构执业的注册消防工程师及已设立的分支机构的注册消防工程师。

拟设立的分支机构注册消防工程师数量，应当不少于所申请的消防技术服务机构资质条件要求的注册消防工程师人数的百分之八十，且符合相应消防技术服务机构资质的其他条件。

消防技术服务机构的分支机构应当在分支机构取得的资质范围内执业。

第三章　资质许可

第十六条 消防技术服务机构资质由省级公安机关消防机构审批；其中，对拟批准消防安全评估机构一级资质的，由公安部消防局书面复核。

第十七条 申请消防技术服务机构资质的，应当向机构所在地的省级公安机关消防机构提交下列材料：

（一）消防技术服务机构资质申请表；

（二）营业执照等法人身份证明文件复印件；

（三）法人章程，法定代表人身份证复印件；

（四）从业人员名录及其身份证、注册消防工程师资格证书及其社会保险证明、消防行业特有工种职业资格证书、劳动合同复印件；

（五）有关质量管理文件；

（六）法律、行政法规规定的其他材料。

申请一级资质的，还应当提交二级资质证书和申请之日前三年内承担的消防技术服务项目目录。

第十八条 消防技术服务机构申请设立分支机构，应当向拟设立分支机构地的省级公安机关消防机构提交下列材料：

（一）设立消防技术服务分支机构申请表；

（二）资质证书复印件；

（三）所属注册消防工程师情况汇总表、注册消防工程师资格证书及其社会保险证明和身份证复印件；

（四）分支机构的从业人员名录及其身份证、注册消防工程师资格证书及其社会保险证明、消防行业特有工种职业资格证书、劳动合同复印件；

（五）分支机构的场所权属证明复印件，主要仪器、设备、设施清单；

（六）有关质量管理文件，对分支机构的管理办法；

（七）法律、行政法规规定的其他材料。

第十九条 省级公安机关消防机构收到申请后，对申请材料齐全、符合法定形式的，应当出具受理凭证；不予受理的，应当出具不予受理凭证并载明理由；申请材料不齐全或者不符合法定形式的，应当当场或者在五日内一次告知申请人需要补正的全部内容，逾期不告知的，自收到申请材料之日起即为受理。

第二十条 省级公安机关消防机构受理申请后，应当自受理之日起二十日内作出行政许可决定。二十日内不能作出决定的，经省级公安机关消防机构负责人批准，可以延长十日，并将延长期限的理由告知申请人。

对拟颁发消防安全评估机构一级资质证书的，省级公安机关消防机构应当自受理申请之日起二十日内审查完毕，并将审查意见以及申请材料报公安部消防局。公安部消防局应当自收到审查意见之日起十日内完成复核工作。

作出许可决定的，应当自作出决定之日起十日内向申请人颁发、送达资质证书；不予许可的，应当出具不予许可决定书并载明理由。

第二十一条 公安机关消防机构在审批期间应当组织专家评审，对申请人的场所、设备、设施等进行实地核查。

专家评审时间不计算在审批时限内，但最长不得超过三十日。专家评审的具体办法由公安部消防局制定并公布。

第二十二条 资质证书分为正本和副本，式样由公安部统一制定，正本、副本具有同等法律效力。资质证书有效期为三年。

申请人领取消防设施维护保养检测、消防安全评估一级资质证书时，应当将二级资质证书交回原发证机关予以注销。

第二十三条 消防技术服务机构的资质证书有效期届满需要续期的，应当在有效期届满三个月前向原许可公安机关消防机构提出申请。原许可公安机关消防机构应当按照本规定第十九条、第二十条规定的程序进行复审；必要时，可以进行实地核查。

经复审，消防技术服务机构不再符合资质条件，或者在资质证书有效期内有三次以上违反本规定第四十七条、第五十条第一款规定行为的，不予办理续期手续。

第二十四条 消防技术服务机构的名称、地址、注册资本、法定代表人等发生变更的，应当在十日内向原许可公安机关消防机构申请办理变更手续。

消防技术服务机构遗失资质证书的，应当向原许可公安机关消防机构申请补发。

原许可公安机关消防机构受理变更、补发资质证书申请后，应当进行审查，并自受理之日起五日内办理完毕。

第四章　消防技术服务活动

第二十五条　消防技术服务机构及其从业人员应当依照法律法规、技术标准和执业准则，开展下列社会消防技术服务活动，并对服务质量负责：

（一）三级资质的消防设施维护保养检测机构可以从事生产企业授权的灭火器检查、维修、更换灭火药剂及回收等活动；一级资质、二级资质的消防设施维护保养检测机构可以从事建筑消防设施检测、维修、保养活动；

（二）消防安全评估机构可以从事区域消防安全评估、社会单位消防安全评估、大型活动消防安全评估、特殊消防设计方案安全评估等活动，以及消防法律法规、消防技术标准、火灾隐患整改等方面的咨询活动。

第二十六条　一级资质、临时一级资质的消防设施维护保养检测机构可以从事各类建筑的建筑消防设施的检测、维修、保养活动。一级资质、临时一级资质的消防安全评估机构可以从事各种类型的消防安全评估以及咨询活动。

二级资质的消防设施维护保养检测机构可以从事单体建筑面积四万平方米以下的建筑、火灾危险性为丙类以下的厂房和库房的建筑消防设施的检测、维修、保养活动。二级资质的消防安全评估机构可以从事社会单位消防安全评估以及消防法律法规、消防技术标准、一般火灾隐患整改等方面的咨询活动。

第二十七条 消防设施维护保养检测机构应当按照国家标准、行业标准规定的工艺、流程开展检测、维修、保养,保证经维修、保养的建筑消防设施、灭火器的质量符合国家标准、行业标准。

第二十八条 消防技术服务机构应当依法与从业人员签订劳动合同,加强对所属从业人员的管理。注册消防工程师不得同时在两个以上社会组织执业。

消防技术服务机构所属注册消防工程师发生变化的,应当在五日内通过社会消防技术服务信息系统予以备案。

第二十九条 消防技术服务机构应当设立技术负责人,对本机构的消防技术服务实施质量监督管理,对出具的书面结论文件进行技术审核。技术负责人应当具备注册消防工程师资格,一级资质、二级资质的消防技术服务机构的技术负责人应当具备一级注册消防工程师资格。

第三十条 消防技术服务机构承接业务,应当与委托人签订消防技术服务合同,并明确项目负责人。项目负责人应当具备相应的注册消防工程师资格。

消防技术服务机构不得转包、分包消防技术服务项目。

第三十一条 消防技术服务机构出具的书面结论文件应当由技术负责人、项目负责人签名,并加盖消防技术服务机构印章。

消防设施维护保养检测机构对建筑消防设施、灭火器进行维修、保养后,应当制作包含消防技术服务机构名称及项目负责人、维修保养日期等信息的标识,在消防设施所在建筑的醒目位置、灭火器上予以公示。

第三十二条 具有消防设施维护保养检测资质的施工企业为其施工项目出具的竣工验收前的消防设施检测意见，不得作为建设单位申请建设工程消防验收的合格证明文件。

第三十三条 消防技术服务机构应当在消防技术服务项目完成之日起五日内，通过社会消防技术服务信息系统将消防技术服务项目目录以及出具的书面结论文件予以备案。

第三十四条 消防技术服务机构应当对服务情况作出客观、真实、完整记录，按消防技术服务项目建立消防技术服务档案。

特殊消防设计方案安全评估档案保管期限为长期，灭火器维修档案保管期限为五年，其他消防技术服务档案保管期限为二十年。

第三十五条 消防技术服务机构应当在其经营场所的醒目位置公示资质证书、营业执照、工作程序、收费标准、收费依据、执业守则、注册消防工程师资格证书、投诉电话等事项。

第三十六条 消防技术服务机构收费应当遵守价格管理法律法规的规定。

第三十七条 消防技术服务机构在从事社会消防技术服务活动中，不得有下列行为：

（一）未取得相应资质，擅自从事消防技术服务活动；

（二）出具虚假、失实文件；

（三）涂改、倒卖、出租、出借或者以其他形式非法转让资质证书；

（四）泄露委托人商业秘密；

（五）指派无相应资格从业人员从事消防技术服务活动；

（六）法律、法规、规章禁止的其他行为。

第五章　监督管理

第三十八条　县级以上公安机关消防机构依照有关法律、法规和本规定，对本行政区域内的社会消防技术服务活动实施监督管理。

消防技术服务机构及其从业人员对公安机关消防机构依法进行的监督管理应当协助和配合，不得拒绝或者阻挠。

第三十九条　县级以上公安机关消防机构应当结合日常消防监督检查工作，对消防技术服务质量实施监督抽查。

公民、法人和其他组织对消防技术服务机构及其从业人员的执业行为进行举报、投诉的，公安机关消防机构应当及时进行核查、处理。

第四十条　公安机关消防机构对发现的消防技术服务机构违法执业行为，应当责令立即改正或者限期改正，并依法查处，将违法执业事实、处理结果、处理建议及时通知原许可公安机关消防机构。

第四十一条　公安机关消防机构发现消防技术服务机构取得资质后不再符合相应资质条件的，应当责令限期改正，改正期间不得从事相应社会消防技术服务活动。

第四十二条　公安机关消防机构的工作人员滥用职权、玩忽职守作出准予消防技术服务机构资质许可的，作出许可的公安机关消防机构或者其上级公安机关消防机构，根据利害关系人的请求或者依职权，可以撤销消防技术服务机构资质。

公安机关消防机构及其工作人员不得设立消防技术服务机构，不得参与消防技术服务机构的经营活动，不得指定或者变相指定消防技术服务机构，不得滥用行政权力排除、限制竞争。

第四十三条 消防技术服务机构有下列情形之一的，作出许可的公安机关消防机构应当注销其资质：

（一）自行申请注销的；

（二）自行停止执业一年以上的；

（三）自愿解散或者依法终止的；

（四）资质证书有效期届满未续期的；

（五）资质被依法撤销或者资质证书被依法吊销的；

（六）法律、行政法规规定的其他情形。

第四十四条 省级公安机关消防机构应当建立和完善社会消防技术服务信息系统，公布消防技术服务机构及其注册消防工程师的有关信息，发布执业、诚信和监督管理信息，并为社会提供有关信息查询服务。

第六章　法律责任

第四十五条 申请人隐瞒有关情况或者提供虚假材料申请资质的，公安机关消防机构不予受理或者不予许可，并给予警告；申请人在一年内不得再次申请。

申请人以欺骗、贿赂等不正当手段取得资质的，原许可公安机关消防机构应当撤销其资质，并处二万元以上三万元以下罚款；申请人在三年内不得再次申请。

第四十六条 消防技术服务机构违反本规定，有下列情形之一的，责令改正，处二万元以上三万元以下罚款：

（一）未取得资质，擅自从事社会消防技术服务活动的；

（二）资质被依法注销，继续从事社会消防技术服务活动的；

（三）冒用其他社会消防技术服务机构名义从事社会消防技

术服务活动的。

第四十七条 消防技术服务机构违反本规定，有下列情形之一的，责令改正，处一万元以上二万元以下罚款：

（一）超越资质许可范围从事社会消防技术服务活动的；

（二）不再符合资质条件，经责令限期改正未改正或者在改正期间继续从事相应社会消防技术服务活动的；

（三）涂改、倒卖、出租、出借或者以其他形式非法转让资质证书的；

（四）所属注册消防工程师同时在两个以上社会组织执业的；

（五）指派无相应资格从业人员从事社会消防技术服务活动的；

（六）转包、分包消防技术服务项目的。

对有前款第四项行为的注册消防工程师，处五千元以上一万元以下罚款。

第四十八条 消防技术服务机构违反本规定，有下列情形之一的，责令改正，处一万元以下罚款：

（一）未设立技术负责人、明确项目负责人的；

（二）出具的书面结论文件未签名、盖章的；

（三）承接业务未依法与委托人签订消防技术服务合同的；

（四）未备案注册消防工程师变化情况或者消防技术服务项目目录、出具的书面结论文件的；

（五）未申请办理变更手续的；

（六）未建立和保管消防技术服务档案的；

（七）未公示资质证书、注册消防工程师资格证书等事项的。

第四十九条　消防技术服务机构出具虚假文件的，责令改正，处五万元以上十万元以下罚款，并对直接负责的主管人员和其他直接责任人员处一万元以上五万元以下罚款；有违法所得的，并处没收违法所得；情节严重的，由原许可公安机关消防机构责令停止执业或者吊销相应资质证书。

消防技术服务机构出具失实文件，造成重大损失的，由原许可公安机关消防机构责令停止执业或者吊销相应资质证书。

第五十条　消防设施维护保养检测机构违反本规定，有下列情形之一的，责令改正，处一万元以上三万元以下罚款：

（一）未按照国家标准、行业标准检测、维修、保养建筑消防设施、灭火器的；

（二）经维修、保养的建筑消防设施、灭火器质量不符合国家标准、行业标准的。

消防设施维护保养检测机构未按照本规定在经其维修、保养的消防设施所在建筑的醒目位置或者灭火器上公示消防技术服务信息的，责令改正，处五千元以下罚款。

第五十一条　消防技术服务机构有违反本规定的行为，给他人造成损失的，依法承担赔偿责任；经维修、保养的建筑消防设施不能正常运行，发生火灾时未发挥应有作用，导致伤亡、损失扩大的，从重处罚；构成犯罪的，依法追究刑事责任。

第五十二条　本规定设定的行政处罚除本规定另有规定的外，由违法行为地的县级以上公安机关消防机构决定。

第五十三条　消防技术服务机构及其从业人员对公安机关消防机构在消防技术服务监督管理中作出的具体行政行为不服的，可以依法申请行政复议或者提起行政诉讼。

第五十四条　公安机关消防机构的工作人员指定或者变相

指定消防技术服务机构，利用职务接受有关单位或者个人财物，或者有其他滥用职权、玩忽职守、徇私舞弊的行为，依照有关规定给予处分；构成犯罪的，依法追究刑事责任。

第七章　附　则

第五十五条　保修期内的建筑消防设施由施工单位进行维护保养的，不适用本规定。

第五十六条　本规定实施前已经从事社会消防技术服务活动的社会组织，应当自本规定实施之日起六个月内，按照本规定的条件和程序申请相应的资质。逾期不申请或者申请后经审核不符合资质条件，继续从事社会消防技术服务活动的，依照本规定第四十六条的规定处罚，并向社会公告。

第五十七条　本规定中的"日"是指工作日，不含法定节假日；"以上"、"以下"均含本数。

第五十八条　执行本规定所需要的文书式样，以及消防技术服务机构应当配备的仪器、设备、设施目录，由公安部制定。

第五十九条　本规定自 2014 年 5 月 1 日起施行。

关于加强和改进社会消防
安全培训工作的意见

公消〔2014〕221号

各省、自治区、直辖市公安消防总队，新疆生产建设兵团公安局消防局：

近年来，社会消防安全培训工作不断加强，公众消防安全素质日益提高，为维护火灾形势稳定发挥了积极作用。但部分地区消防安全培训工作不适应社会需要的现象仍然突出，行业部门和单位培训责任不落实，监管和投入力度不够；社会消防安全培训机构发展较慢，培训设施薄弱，教学质量管理不规范；培训渠道狭窄，培训方式单一，不能满足社会多元需求；消防控制室值班操作人员未持证上岗，从业人员未经培训上岗和业务能力不适应的现象比较普遍。为深入贯彻落实《国务院关于加强和改进消防工作的意见》（国发〔2011〕46号）、《国务院安全生产委员会关于进一步加强安全培训工作的决定》（安委〔2012〕10号）和《社会消防安全教育培训规定》（公安部令第109号），深刻吸取重特大火灾事故教训，切实加强和改进社会消防安全培训工作，现提出以下意见：

一、促进社会消防培训力量发展

（一）支持社会力量开展培训。各地公安消防部门要协调人力资源社会保障、教育等部门，按照十八届三中全会提出"使市场在资源配置中起决定性作用"的改革要求，清理取消阻碍社会消防培训发展的限制措施和行为，充分发挥社会力量的积极性，大力支持社会组织和个人依法开办社会消防安全培训机构，鼓励大专院校、职业学校等开设消防专业课程并开展消防安全培训，协调落实国家在职业培训、就业培训上对师资培养、财政补贴、购买培训成果等方面的相关政策，加快推进消防安全培训社会化。

（二）推动消防安全培训机构建设。要分析评估本地区培训需求和培训能力，科学规划消防安全培训机构建设，推动发展不同层次规模的消防安全培训机构，在省会城市以及区域性中心城市培育一批具有仿真和实操特色、以中高级消防职业技能培训为主的培训机构，在地级市发展一批以初级消防职业技能培训和消防安全专项培训为主的培训机构；鼓励培训机构在保障培训质量的前提下，积极发展培训点，满足社会从业人员就近培训需要。

二、创新消防安全培训机制

（一）拓宽消防安全培训渠道。各地要改进传统的消防安全培训方式，坚持以实践能力为导向，支持社会从业人员自主选择通过业余自学、师傅带徒弟、网络教育以及机构培训等不同渠道和方式，掌握岗位所需的消防安全知识和技能。要引导整合社会资源，鼓励消防设施完备、消防安全管理规范的大型企业、消防设施维护保养检测机构、消防设备生产厂家向社会开放内部培训设施设备，参与不同种类需求的实操培训任务，增加社会从业人员自主选择岗位适应性实操培训的渠道，作为消防安全培训机构实操培训的有益补充。

（二）加强网络教育培训。要利用互联网等新技术资源，开发建立消防网络教育平台，针对不同群体对象，建设网上教育课程"超市"，拓展网络教育的应用范围，实行学时学分制的自主选学模式，推动培训由集中面授的单一形式向网络化、多元化教育方式转变，实现培训资源共享化、服务公共化，满足公众不同的培训需求。

（三）探索政府购买消防安全培训服务。要探索政府购买消防安全培训服务的新途径和新机制，推动将消防安全培训纳入政府购买公共服务的项目内容和财政保障范围。探索由政府安排专项资金，通过社会公开招标委托消防安全培训机构以及非营利性的社会组织，开展面向中小微企业和农村、社区的公益性消防安全培训，开展送消防安全知识上门服务活动，不断扩大消防培训覆盖面。

三、提升消防安全培训质量

（一）加强培训师资力量建设。消防安全培训机构要建立健全培训教师考核合格上岗制度，配齐配强专兼职教师，专职教师不应少于教师总数的二分之一，实操教师应当具有中级以上消防职业资格。要建立完善激励机制，定期开展分专业的岗前培训和授课质量评估，督促教师提高教学水平。鼓励教师取得注册消防工程师资格。鼓励消防行业协会对培训教师开展能力评价。

（二）加强消防安全培训质量管理。消防安全培训机构要严格培训教学和考试管理，认真执行《社会消防安全教育培训大纲（试行）》和职业技能标准，落实规定的课时和内容；推行小班教学和模拟实践教学，提高实操培训课时比例，强化实操培训效果，提高培训对象的实践能力。要建设完善自有培训实操设施，并将实操设施与理论课堂紧密结合，提高培训的针对性和实效性。鼓励培训机构研发消防技能仿真实训系统，丰富培训手段。

（三）以职业技能鉴定促进培训质量提高。各地公安消防部门要充分发挥消防职业技能鉴定对培训的检验和促进作用，狠抓消防职业技能鉴定站的设施建设和质量管理，从组织机构、考评员队伍建设、场地设施设备、考培分离、鉴定流程以及质量评估等方面加强质量管控，稳妥发展"一站多点"，积极拓展鉴定工种、规模，加快开展中、高级消防职业技能鉴定工作，以鉴定质量的提升促进消防安全培训质量的提高。

四、强化消防安全培训责任落实

（一）督促落实单位消防安全培训主体责任。各地公安消防部门要将单位落实消防安全培训主体责任作为日常消防监督检查的重要内容，加大检查力度，督促单位落实人员先培训后上岗制度，加快落实消防控制室值班操作人员持消防职业资格证上岗，突出加强人员密集场所、在建工地以及具有火灾和爆炸危险性场所重点岗位人员的消防安全培训。消防安全重点单位要实行更加严格的消防安全培训制度，加强对消防安全管理人的消防安全专业培训，加强消防控制室值班操作人员的岗前适应性培训，配备一定数量取得中级以上消防职业资格证书的人员带班上岗。

（二）推动落实部门消防安全培训职责。要提请政府进一步明确相关部门的消防安全培训职责，编制具有行业特点的消防安全培训教材，将消防安全知识纳入干部培训、就业培训、职业教育和农民工培训等平台和项目。要会同人力资源社会保障部门加强对培训机构的监督管理，严格新申请培训机构的条件审查，加强对现有培训机构的定期质量评估，依法查处未取得相应资质违规培训以及培训质量不高等行为。

（三）加强对消防安全培训的监管。各级公安消防部门要牢固树立"培训不到位是重大安全隐患"的意识，把消防安全培训作为重要的基础性工作，定期研究推进。要按照政府职能转变的要求，处理好政府与市场的关系，积极从"举办培训"向"监管培训"转变，不得组织有收费要求的消防安全培训，不得参与经营性的消防安全培训机构，不得指定或变相指定消防安全培训机构，不得向消防安全培训机构收取管理费等各种费用。鼓励依托消防协会成立消防安全培训行业分会，加强行业自律，切实防止垄断现象。要结合火灾事故调查工作，倒查消防职业技能鉴定以及社会单位和培训机构消防安全培训工作存在的问题，对工作不到位、责任不落实的，依法严肃追究责任。

各地贯彻落实情况请及时报部消防局。

中华人民共和国公安部消防局

2014 年 7 月 14 日

关于加强城镇公共消防设施和
基层消防组织建设的指导意见

公通字〔2015〕24 号

各省、自治区、直辖市公安厅、局，机构编制委员会办公室，发展改革委，民政厅、局，财政厅、局，住房城乡建设厅、建委，新疆生产建设兵团公安局、机构编制委员会办公室、发展改革委、民政局、财务局、建设局：

近年来，我国城镇公共消防设施建设不断加强，基层消防组织逐步建立，为提高公共消防安全水平、保障经济社会平稳发展发挥了重要作用。但从总体上看，目前我国城镇公共消防设施建设仍然滞后，城乡差异大，覆盖不全、总量不足、维护不够的问题比较普遍，影响快速有效处置火灾；同时，基层消防组织不健全，管理粗放，影响消防安全责任在基层的有效落实。当前，我国正处于城镇化深入发展的关键时期，为切实加强城镇公共消防设施和基层消防组织建设，积极推进消防安全基本公共服务均等化，进一步提高公共消防安全保障能力和社会消防治理水平，现提出以下意见：

一、总体要求

深入贯彻落实党的十八大和十八届三中、四中全会以及中央城镇化工作会议精神和《消防法》、《国家新型城镇化规划（2014—2020 年）》、《国务院关于加强和改进消防工作的意见》（国发〔2011〕46 号）、《国务院关于加强城市基础设施建设的意见》（国发〔2013〕36 号）等法规和文件，坚持以人为本、城乡统筹、分类指导、综合治理，坚持以城带乡、以镇带村，着力加强城乡消防规划、公共消防设施、消防安全管理组织网络和灭火救援力量体系建设，到 2020 年，城镇公共消防设施基本达标，基层消防组织建设进一步加强，保障机制更加完善，与经济社会发展总体相适应，为全面建成小康社会提供良好的消防安全保障。

二、全面修编和严格落实城乡消防规划

（一）全面修编城乡消防规划。牢固树立规划先行的理念，在地方各级人民政府统一领导下，紧紧围绕本地区经济社会发展和新型城镇化建设的总体目标，结合城乡规划的编制和修改，及时组织编制和修订城乡消防规划，科学规划消防安全布局、消防站、消防供水、消防通信、消防车通道、消防装备、消防教育训练基地和消防力量等内容，合理确定城乡不同区域公共消防设施、消防装备和消防力量的建设和配置标准，科学设定发展任务，并在城乡规划和土地利用规划中明确消防站、消防训练基地等的规划建设用地规模和布局。2015 年，组织各地全面摸清城乡消防规划编制和实施情况。2016 年，全面完成城市、县城和全国重点镇消防规划的修编工作。到 2017 年，有条件的建制镇应完成编制消防规划，其他建制镇的总体规划和乡规划中应全面明确消防队（站）用地布局、消防供水建设等要求。

有关部门要加强规划间的统筹衔接，把公共消防安全纳入城市总体规划、镇总体规划的强制性内容以及控制详细规划，纳入城市综合防灾体系规划、历史文化名城名镇名村保护规划、特色景观旅游名镇名村规划、传统村落保护发展规划、风景名胜区总体规划等；把城市、建制镇的消防专项规划纳入当地经济社会发展规划、城乡规划等"多规合一"范畴，做到有序紧密衔接。统筹考虑城市群、中心城市、小城镇、中心（老）城区改造、新城新区等的建设特点和产业布局，积极采用区域消防安全评估技术，提高消防规划编制质量。

（二）强化消防规划的执行实施。建立健全城乡消防规划近期实施内容的滚动编制机制，规划实施期限原则上应当与国民经济和社会发展规划的年限相一致，并在基础数据、建设用地范围和规划时序方面与城乡规划同步衔接，确保消防站、消防训练基地用地纳入基础设施用地的控制界限（黄线）。分解落实消防规划中确定的建设任务和建设时序，制定公共消防设施、消防装备建设的年度计划。健全完善消防规划实施情况的评估、考评机制，规划主管部门要加强对消防专项规划编制、审批、实施的监督管理。

三、加强城镇公共消防设施建设

（一）加快消防站和消防训练基地建设。各地发展改革、住房建设、规划、财政和公安消防等部门应当按照各自职责合力加强城市消防站建设，根据建成区面积、常住人口和灭火救援任务量等实际需求，依照标准、综合评估，及时安排消防站新建项目，并严格按照《城市消防站建设标准》配备人员、装备及相关设施。对于增建普通消防站有困难的老城区，应当开展火灾风险评估，因地制宜地增建规模适当的消防站。可以在有条件的地级以上城市建设区域性消防训练基地。各地城市消防站建设发展要与当地经济社会发展相适应，到2016年，无专业灭火救援力量的县建设规模适中的消防站，填补空白；直辖市和省会市、计划单列市全面建成消防训练基地。到2018年，大城市、特大城市、超大城市和经济发达地区的城市、县城主城区消防站建设基本达标，满足灭火救援的实际需求；其他地级城市结合当地实际和灾害特点建有独立或区域性的消防训练基地。到 2020 年，其他城市和县城的消防站建设基本达标，满足灭火救援的实际需求。

（二）加强市政消防供水建设。在城镇规划区范围内，发展改革、规划、城建（水务）和公安消防等部门应当加强配合，明确职责分工，确保市政消火栓（消防水鹤）与给水管道、计量设施等市政给水系统同步规划、设计、建设与使用，有条件的地区，道路两侧市政消火栓宜交错布置；寒冷地区管径 DN200 以上的城市供水管道应当设置消防水鹤。各地要在确保不欠"新账"的同时，抓紧摸排市政消火栓"欠账"，加大补建力度。2015 年、2016 年，城市和县城的市政消火栓建有率应分别达到 80%、90%。到 2017 年，城市、县城和建制镇应当基本补齐市政消防水源"欠账"，确保基本达到消防给水及消火栓系统国家标准要求，实现建成区消防供水全覆盖，满足消防用水需求。采用井水等地下水源和江河湖海水库等天然水源作为消防水源的，应当按照有关标准设置取水设施和确保供水可靠性的技术措施。无市政集中供水，市政给水系统为间歇供水或者供水能力不足、为枝状管网以及地震设防地区及有需求的高速公路封闭区内应当建设市政消防水池等储水设施。

（三）加强消防通信设施建设。城市应当按照消防通信指挥系统标准的要求建设具有快速准确接警、可视化调度指挥等功能的消防通信指挥中心，具备有线、无线、卫星和计算机基础网络，与政府应急指挥系统互联互通，并延伸至具备条件的专职、志愿消防队。规划、市政、城建、交通等部门应当与公安消防部门建立地理信息和建（构）筑物、消防水源、道路监控等信息的共享机制，电信业务经营单位应当提供灭火救援专用通信链路和信息服务支持。鼓励各地由政府统筹加快城市消防安全远程监测系统建设，提高火灾报警等消防安全防控的信息化水平。

（四）加强消防车通道建设。城建部门应当按照市政道路路网结构和建设计划，优先打通断头路和拓宽巷道，提高道路承载大型消防车的能力，并按照国家标准要求设置消防车回车场地、保留消防车作业面，不得设置影响消防车通行的路障，确保消防车的通行能力。靠近市政消防供水设施的道路和高层建筑、大型公共建筑的沿街道路，应当确保消防车的作业需要。

四、建立健全基层消防组织

（一）强化基层消防安全管理责任。各地乡镇人民政府和街道办事处要建立消防安全组织，明确专人负责消防工作，因地制宜探索消防安全监管模式，依法履行消防工作管理职责。坚持加强政府管理与鼓励社会参与相结合，将消防安全全面纳入农村基层综合公共服务平台。切实落实公安派出所消防监督检查职能，加强对居民住宅区的物业服务企业、村（居）委会依法履行消防安全责任和授权单位的日常消防监督检查。

（二）大力推进乡镇政府专职消防队伍建设。充分发挥乡镇政府专职消防队"一专多能"作用，使其承担扑救火灾、消防宣传、防火巡查、隐患查改、综合救援等综合职能，辐射带动提高周边农村的消防安全条件。鼓励企业、民间组织、个人等各种社会力量参与乡镇专职消防队建设，对因工作需要确需成为法人组织的可依法申请登记，鼓励通过政府购买服务方式推动专职消防队伍建设。根据《乡镇消防队标准》，除建有公安现役消防队的乡镇外，2015年，65%的全国重点镇和50%的其他符合建队标准的建制镇建立专职消防队。到2016年，全国重点镇和 75% 的其他符合建队标准的建制镇按照标准建立专职消防队。到 2017 年，所有符合建队条件的建制镇全面按照标准建成专职消防队。

（三）全面加强乡镇农村志愿消防队伍建设。各地发展改革、民政、财政、公安消防等部门要落实部门责任，大力加强小乡镇和农村消防力量建设，夯实基层消防安全基础。全面贯彻公安部等五部门《关于积极促进志愿消防队伍发展的指导意见》（公通字〔2012〕61 号），提请当地政府加快推进志愿消防队伍建设，提供站舍营房和装备器材，对志愿消防人员进行培训，给予适当补贴和机会回报等激励。2015 年，60% 的乡镇按照标准建成有人员、有装备、有站舍、有经费的志愿（兼职）消防队，50% 以上常住人口超过 1000 人的行政村、自然村建立有志愿人员和基本消防装备器材的志愿消防队，依托农村社区综合服务设施拓展公共消防服务功能。到 2016 年，上述比例达到 80%；到 2017 年，上述比例达到 100%。到 2020 年，行政村、自然村应当基本建立志愿消防队。

五、加强组织领导和综合保障

（一）切实加强组织领导和部门协同。要提请地方各级政府加强对城镇公共消防设施和基层消防组织建设管理的领导，严格落实"党政同责、一岗双责"，纳入各级政府消防工作考核、党政领导干部考核、社会综合治理考评等内容，加大考核比重。机构编制、住房建设、公安机关及其消防部门、民政等部门要加强对城镇公共消防设施和基层消防组织建设的监督指导，相关部门要研究落实城镇公共消防设施和基层消防组织建设经费保障等支持政策，加强项目绩效考核。各地要结合"十三五"经济社会发展规划编制，将城镇公共消防设施建设纳入重要规划内容，并将城镇公共消防设施和基层消防组织建设全面纳入城镇化统计工作和城镇化发展监测评估体系，建立相应评价指标体系，推动工作落实。要统筹加强农村公共消防设施建设和消防条件的改善，将其全面纳入新农村建设和村庄整治，不断提高农村消防安全保障水平。

（二）明确城镇公共消防设施建设维护管理责任。各地应当提请政府建立健全公共消防设施建设维护管理责任机制，加强工作协调和监督指导，负责公共消防设施维护管理的单位，应当保持消防供水、消防通信、消防车通道等公共消防设施的完好有效。要积极运用物联网等信息化管理手段，将城镇公共消防设施全面纳入数字化管理平台和综合信息系统，建立公安消防、城建（水务）等部门的建设维护使用信息共享机制，切实提高城镇公共消防设施的维护管理水平，确保完整好用。

（三）加强综合保障。各地要将城镇公共消防设施纳入社会固定资产投资计划，建立健全基层消防组织建设维护经费保障机制，城市基础设施配套费和城市维护费应当包含公共消防设施建设和维护使用经费，切实保障公共消防设施的建设和维护。中央和省级政府应当对困难地区消防队站的基础设施、消防装备和业务建设予以支持。要充分考虑和优先保障城镇公共消防设施建设用地需求，将其纳入土地利用年度计划和建设用地供应计划。

（四）摸清底数加快建设进度。2015年，各地住房建设、规划、发展改革和公安消防等部门要对本地区城镇消防规划编制和消防站、市政消火栓等公共消防设施建设情况开展一次全面清查，查清各类已编制消防规划的时效性、适应性和执行落实情况以及消防规划的编制完成率，摸清城镇公共消防设施建设

"欠账"情况和总体需求，掌握基层消防组织发展情况。要坚持统筹规划、合理布点、应建尽建、按标建设的原则和"不欠新账、快补旧账"的要求，提请政府制定建设实施方案，明确任务目标、年度进度、完成时限和工作责任，加强部门协调配合，采取有效措施强力推动落实。

中华人民共和国公安部

中央机构编制委员会办公室

国家发改委

中华人民共和国民政部

中华人民共和国财政部

住房城乡建设部

2015 年 8 月 11 日

关于贯彻落实国务院关于加强和
改进消防工作的意见的通知

建科〔2012〕16号

各省、自治区住房和城乡建设厅，直辖市建委（建交委），新疆生产建设兵团建设局：

为贯彻落实国务院《关于加强和改进消防工作的意见》（国发〔2011〕46号），现就有关工作通知如下：

一、认真学习，准确把握。各地住房城乡建设主管部门要及时组织工程建设、设计、施工、监理等单位认真学习国务院《关于加强和改进消防工作的意见》，准确理解和把握有关规定，切实落实各项要求。严格执行现行有关标准规范和公安部、住房城乡建设部联合印发的《民用建筑外墙保温系统及外墙装饰防火暂行规定》（公通字〔2009〕46号），加强建筑工程的消防安全管理，防患未然，减少火灾事故。

二、加强新建建筑监管。要严格执行《民用建筑外墙保温系统及外墙装饰防火暂行规定》中关于保温材料燃烧性能的规定，特别是采用 B1 和 B2 级保温材料时，应按照规定设置防火隔离带。各地可在严格执行现行国家标准规范和有关规定的基础上，结合实际情况制定新建建筑节能保温工程的地方标准规范、管理办法，细化技术要求和管理措施，从材料、工艺、构造等环节提高外墙保温系统的防火性能和工程质量。

三、加强已建成外墙保温工程的维护和管理。外墙采用有机保温材料（以下简称保温材料）且已投入使用的建筑工程，要按照现行标准规范和有关规定进行梳理、检查和整改。

四、严格管理既有建筑节能改造工程。对既有民用建筑进行节能改造时，公共建筑在营业、使用期间不得进行外保温材料施工作业，居住建筑进行节能改造作业期间应撤离居住人员，并安排专人进行消防安全巡逻，严格分离用火用焊作业与保温施工作业。要督促施工单位切实落实现场消防安全管理主体责任。改造施工前，施工单位应编制施工消防工作方案，对居住人员进行有针对性的消防宣传教育和疏散演练，在建筑内安装火灾警报装置；施工期间，施工单位要有专人值守，一旦发生火情立即处置。

五、强化建筑工地消防安全管理。要严格按照《建设工程施工现场消防安全技术规范》等有关标准规范、公安部和住房城乡建设部联合印发的《关于进一步加强建设工程施工现场消防安全工作的通知》（公消〔2009〕131号）以及有关质量管理的规定，加强施工现场和建筑保温材料的监督管理。

（一）保温材料的燃烧性能等级要符合标准规范要求，并应进行现场抽样检验。保温材料进场后，要远离火源。露天存放时，应采用不燃材料安全覆盖，或将保温材料涂抹防护层后再进入施工现场。严禁使用不符合国家现行标准规范规定以及没有产品标准的外墙保温材料。

（二）严格施工过程管理。各类节能保温工程要严格按照设计进行施工，按规定设置防火隔离带和防护层。动火作业要安排在节能保温施工作业之前，保温材料的施工要分区段进行，各区段应保持足够的防火间距。未涂抹防护层的保温材料的裸露施工高度不能超过3个楼层，并做到及时覆盖，减少保温材料的裸露面积和时间，减少火灾隐患。

（三）严格动火操作人员的管理。动用明火必须实行严格的消防安全管理，动火部门和人员应当按照用火管理制度办理相应手续，电焊、气焊、电工等特殊工种人员必须持证上岗。施工现场应配备灭火器材。动火作业前应对现场的可燃物进行清理，并安排动火监护人员进行现场监护；动火作业后，应检查现场，确认无火灾隐患后，动火操作人员方可离开。

六、各地住房城乡建设部门要加强对建筑保温材料的监管。

积极组织和支持科研和企事业单位研发防火、隔热等性能良好、均衡的外墙保温材料及系统，特别是燃烧时无有害气体产生、发烟量低的外墙保温材料。对具备推广应用条件的材料和技术要积极组织推广应用。要加强相关标准规范的编制和完善工作，组织做好相关管理和技术、施工人员的教育培训。

各地住房城乡建设主管部门要加强对辖区内建设工程项目各方责任主体的监督管理，在施工图设计审查时要严格按照本通知第二条规定执行，在对建设单位审核发放施工许可证时，应当对建设工程是否具备保障安全的具体措施进行审查，不具备条件的不得颁发施工许可证。要积极配合公安消防部门加强对辖区内建设工程施工现场的消防监督检查，对于不具备施工现场消防安全防护条件、施工现场消防安全责任制不落实的建设工程要依法督促整改。

各地在执行中如有意见和建议，可及时反馈我部建筑节能与科技司。

中华人民共和国住房和城乡建设部

二〇一二年二月十日

消防管理参考制度

（本文为参考资料）

第一章　总　则

为加强消防安全管理，预防火灾和减少火灾危害，保护企业财产和职工人身安全，根据《中华人民共和国消防法》、《机关、团体、企业、事业企业消防安全管理规定》等法律法规，结合企业实际，制定本制度。

1. 企业消防安全工作实行"预防为主、防消结合"的方针，坚持专门机关与群众相结合的原则，事先防火安全责任制度。

2. 总经理为企业消防安全工作第一责任人，各部门负责人为本部门消防安全工作第责任人。全体员工都应增强消防安全意识，做防火工作。

3. 企业应经常组织员工进行消防安全教育培训，每年定期组织火灾事故应急预案的演练。

4. 企业各场所应公安消防部门验收的要求配置消防设施和器材，消防安全标识，并由安全管理员负责其日常维修保养，确保消防设施和器材完好有效。

5. 任何人不得损坏或者擅自挪用、拆除、停用相关设施、器材，不得埋压圈占消火栓，占用防火间距，不得闭锁安全出口、堵塞疏散楼梯、消防通道。

6. 企业每季度进行一次消防安全检查。发现问题报告总经理，落实整改措施。

7. 企业禁火区内严禁止使用明火，严禁燃放烟花爆竹。

8. 设备维修、电气焊人员应防火专业教育培训合格方可上岗作业。

9. 任何人发现火灾时都应当立即报警，任何企业和个人都应当无条件为报警提供便利，不得阻拦报警，严禁谎报火警，发生火灾时，各企业必须立即组织扑救，人员集中场所的现场工作人员必须立即疏散在场群众。

4. 消防器材管理

（1）每年在冬防、夏防期间定期两次对灭火器进行普查换药。

（2）派专人管理，定期巡查消防器材，保证处于完好状态。

（3）对消防器材应经常检查，发现丢失、损坏应立即补充并上报领导

第二章　防火巡查、检查制度

1. 落实逐级消防安全责任制和岗位消防安全责任制，落实巡查检查制度。

2. 消防工作归口管理职能部门每日对公司进行防火巡查。每月对单位进行一次防火检查并复查追踪改善。

3. 检查中发现火灾隐患，检查人员应填写防火检查记录，并按照规定，要求有关人员在记录上签名。

4. 检查部门应将检查情况及时通知受检部门，各部门负责人应每日消防安全检查情况通知，若发现本单位存在火灾隐患，应及时整改。

5. 对检查中发现的火灾隐患未按规定时间及时整改的，根据奖惩制度给予处罚。。

（一）消防安全教育、培训制度

1. 每年以创办消防知识宣传栏、开展知识竞赛等多种形式，

提高全体员工的消防安全意识。

2. 定期组织员工学习消防法规和各项规章制度，做到依法治火。

3. 各部门应针对岗位特点进行消防安全教育培训。

4. 对消防设施维护保养和使用人员应进行实地演示和培训。

5. 对新员工进行岗前消防培训，经考试合格后方可上岗。

6. 因工作需要员工换岗前必须进行再教育培训。

7. 消控中心等特殊岗位要进行专业培训，经考试合格，持证上岗。

（二）防火巡查、检查制度

1. 落实逐级消防安全责任制和岗位消防安全责任制，落实巡查检查制度。

2. 消防工作归口管理职能部门每日对公司进行防火巡查。每月对单位进行一次防火检查并复查追踪改善。

3. 检查中发现火灾隐患，检查人员应填写防火检查记录，并按照规定，要求有关人员在记录上签名。

4. 检查部门应将检查情况及时通知受检部门，各部门负责人应每日消防安全检查情况通知，若发现本单位存在火灾隐患，应及时整改。

5. 对检查中发现的火灾隐患未按规定时间及时整改的，根据奖惩制度给予处罚。

第三章　安全疏散设施管理制度

1. 单位应保持疏散通道、安全出口畅通，严禁占用疏散通道，严禁在安全出口或疏散通道上安装栅栏等影响疏散的障碍物。

2. 应按规范设置符合国家规定的消防安全疏散指示标志和应急照明设施。

3. 应保持防火门、消防安全疏散指示标志、应急照明、机械排烟送风、火灾事故广播等设施处于正常状态，并定期组织检查、测试、维护和保养。

4. 严禁在营业或工作期间将安全出口上锁。

5. 严禁在营业或工作期间将安全疏散指示标志关闭、遮挡或覆盖。

第四章 消防控制中心管理制度

1. 熟悉并掌握各类消防设施的使用性能，保证扑救火灾过程中操作有序、准确迅速。

2. 做好消防值班记录和交接班记录，处理消防报警电话。

3. 按时交接班，做好值班记录、设备情况、事故处理等情况的交接手续。无交接班手续，值班人员不得擅自离岗。

4. 发现设备故障时，应及时报告，并通知有关部门及时修复。

5. 非工作所需，不得使用消控中心内线电话，非消防控制中心值班人员禁止进入值班室。

6. 上班时间不准在消控中心抽烟、睡觉、看书报等，离岗应做好交接班手续。

7. 发现火灾时，迅速按灭火作战预案紧急处理，并拨打119电话通知公安消防部门并报告部门主管。

第五章 消防设施、器材维护管理制度

1. 消防设施日常使用管理由专职管理员负责，专职管理员

每日检查消防设施的使用状况，保持设施整洁、卫生、完好。

2. 消防设施及消防设备的技术性能的维修保养和定期技术检测由消防工作归口管理部门负责，设专职管理员每日按时检查了解消防设备的运行情况。查看运行记录，听取值班人员意见，发现异常及时安排维修，使设备保持完好的技术状态。

3. 消防设施和消防设备定期测试：

（1）烟、温感报警系统的测试由消防工作归口管理部门负责组织实施，保安部参加，每个烟、温感探头至少每年轮测一次。

（2）消防水泵、喷淋水泵、水幕水泵每月试开泵一次，检查其是否完整好用。

（3）正压送风、防排烟系统每半年检测一次。

（4）室内消火栓、喷淋泄水测试每季度一次。

（5）其他消防设备的测试，根据不同情况决定测试时间。

4. 消防器材管理：

（1）每年在冬防、夏防期间定期两次对灭火器进行普查换药。

（2）派专人管理，定期巡查消防器材，保证处于完好状态。

（3）对消防器材应经常检查，发现丢失、损坏应立即补充并上报领导。

（4）各部门的消防器材由本部门管理，并指定专人负责。

第六章　火灾隐患整改制度

1. 各部门对存在的火灾隐患应当及时予以消除。

2. 在防火安全检查中，应对所发现的火灾隐患进行逐项登记，并将隐患情况书面下发各部门限期整改，同时要做好隐患整改情况记录。

3. 在火灾隐患未消除前，各部门应当落实防范措施，确保隐患整改期间的消防安全，对确无能力解决的重大火灾隐患应当提出解决方案，及时向单位消防安全责任人报告，并由单位上级主管部门或当地政府报告。

4. 对公安消防机构责令限期改正的火灾隐患，应当在规定的期限内改正并写出隐患整改的复函，报送公安消防机构。

第七章　用火、用电安全管理制度

1. 用电安全管理：

（1）严禁随意拉设电线，严禁超负荷用电。

（2）电气线路、设备安装应由持证电工负责。

（3）各部门下班后，该关闭的电源应予以关闭。

（4）禁止私用电热棒、电炉等大功率电器。

2. 用火安全管理：

（1）严格执行动火审批制度，确需动火作业时，作业单位应按规定向消防工作归口管理部门申请"动火许可证"。

（2）动火作业前应清除动火点附近5米区域范围内的易燃易爆危险物品或作适当的安全隔离，并向保卫部借取适当种类、数量的灭火器材随时备用，结束作业后应即时归还，若有动用应如实报告。

（3）如在作业点就地动火施工，应按规定向作业点所在单位经理级（含）以上主管人员申请，申请部门需派人现场监督并不定时派人巡查。离地面2米以上的高架动火作业必须保证有一人在下方专职负责随时扑灭可能引燃其他物品的火花。

（4）未办理"动火许可证"擅自动火作业者，本单位人员予以记小过二次处分，严重的予以开除。

第八章　易燃易爆危险物品和
场所防火防爆制度

1. 易燃易爆危险物品应有专用的库房，配备必要的消防器材设施，仓管人员必须由消防安全培训合格的人员担任。

2. 易燃易爆危险物品应分类、分项储存。化学性质相抵触或灭火方法不同的易燃易爆化学物品，应分库存放。

3. 易燃易爆危险物品入库前应经检验部门检验，出入库应进行登记。

4. 库存物品应当分类、分垛储存，每垛占地面积不宜大于一百平方米，垛与垛之间不小于一米，垛与墙间距不小于零点五米，垛与梁、柱的间距不小于零点五米，主要通道的宽度不小于二米。

5. 易燃易爆危险物品存取应按安全操作规程执行，仓库工作人员应坚守岗位，非工作人员不得随意入内。

6. 易燃易爆场所应根据消防规范要求采取防火防爆措施并做好防火防爆设施的维护保养工作。

第九章　义务消防队组织管理制度

1. 义务消防员应在消防工作归口管理部门领导下开展业务学习和灭火技能训练，各项技术考核应达到规定的指标。

2. 要结合对消防设施、设备、器材维护检查，有计划地对每个义务消防员进行轮训，使每个人都具有实际操作技能。

3. 按照灭火和应急疏散预案每半年进行一次演练，并结合实际不断完善预案。

4. 每年举行一次防火、灭火知识考核，考核优秀给予表彰。

5. 不断总结经验，提高防火灭火自救能力。

第十章　灭火和应急疏散预案演练制度

1. 制定符合本单位实际情况的灭火和应急疏散预案。

2. 组织全员学习和熟悉灭火和应急疏散预案。

3. 每次组织预案演练前应精心开会部署，明确分工。

4. 应按制定的预案，至少每半年进行一次演练。

5. 演练结束后应召开讲评会，认真总结预案演练的情况，发现不足之处应及时修改和完善预案。

第十一章　燃气和电气设备的检查和管理制度

1. 应按规定正确安装、使用电器设备，相关人员必须经必要的培训，获得相关部门核发的有效证书方可操作。各类设备均需具备法律、法规规定的有效合格证明并经维修部确认后方可投入使用。电气设备应由持证人员定期进行检查（至少每月一次）。

2. 防雷、防静电设施定期检查、检测，每季度至少检查一次、每年至少检测一次并记录。

3. 电器设备负荷应严格按照标准执行，接头牢固，绝缘良好，保险装置合格、正常并具备良好的接地，接地电阻应严格按照电气施工要求测试。

4. 各类线路均应以套管加以隔绝，特殊情况下，亦应使用绝缘良好的铅皮或胶皮电缆线。各类电气设备及线路均应定期检修，随时排除因绝缘损坏可能引起的消防安全隐患。

5. 未经批准，严禁擅自加长电线。各部门应积极配合安全小组、维修部人员检查加长电线是否仅供紧急使用、外壳是否完好、是否有维修部人员检测后投入使用。

6. 电器设备、开关箱线路附近按照本单位标准划定黄色区域，严禁堆放易燃易爆物并定期检查、排除隐患。

7. 设备用毕应切断电源。未经试验正式通电的设备，安装、维修人员离开现场时应切断电源。

8. 除已采取防范措施的部门外，工作场所内严禁使用明火。

9. 使用明火的部门应严格遵守各项安全规定和操作流程，做到用火不离人、人离火灭。

10. 场所内严禁吸烟并张贴禁烟标识，每一位员工均有义务提醒其他人员共同遵守公共场所禁烟的规定。

第十二章　消防安全工作考评和奖惩制度

1. 对消防安全工作作出成绩的，予以通报表扬或物质奖励。

2. 对造成消防安全事故的责任人，将依据所造成后果的严重性予以不同的处理，除已达到依照国家《治安管理处罚条例》或已够追究刑事责任的事故责任人将依法移送国家有关部门处理外，根据本单位的规定，对下列行为予以处罚：

（1）有下列情形之一的，视损失情况与认识态度除责令赔偿全部或部分损失外，予以口头告诫：

A　使用易燃危险品未严格按照操作程序进行或保管不当而造成火警、火灾，损失不大的；

B　在禁烟场所吸烟或处置烟头不当而引起火警、火灾，损失不大的；

C 未及时清理区域内易燃物品，而造成火灾隐患的；

D 未经批准，违规使用加长电线、用电未使用安全保险装置的或擅自增加小负荷电器的；

E 谎报火警；

F 未经批准，玩弄消防设施、器材，未造成不良后果的；

G 对安全小组提出的消防隐患未予以及时整改而无法说明原因的部门管理人员；

H 阻塞消防通道、遮挡安全指示标志等未造成严重后果的。

（2）有下列情形之一的，视情节轻重和认识态度，除责令赔偿全部或部分损失外，予以通报批评：

A 擅自使用易燃、易爆物品的；

B 擅自挪用消防设施、器材的位置或改为他用的；

C 违反安全管理和操作规程、擅离职守从而导致火警、火灾损失轻微的；

D 强迫其他员工违规操作的管理人员；

E 发现火警，未及时依照紧急情况处理程序处理的；

F 对安全小组的检查未予以配合、拒绝整改的管理人员。

（3）对任何事故隐瞒事实，不处理、不追究的或提供虚假信息的，予以解聘。

（4）对违反消防安全管理导致事故发生（损失轻微的），但能主动坦白并积极协助相关部门处理事故、挽回损失的肇事者或责任人可视情况予以减轻或免予处罚。

注册消防工程师制度暂行规定

人力资源社会保障部、公安部关于印发注册
消防工程师制度暂行规定和注册消防工程师
资格考试实施办法及注册消防工程师资格
考核认定办法的通知

人社部发〔2012〕56 号

各省、自治区、直辖市人力资源社会保障厅（局）、公安厅（局），国务院各部委、各直属机构人事部门，中央管理的企业：

根据《中华人民共和国消防法》有关规定，为提高社会消防安全专业化管理水平，保证消防安全技术服务质量，我们制定了《注册消防工程师制度暂行规定》、《注册消防工程师资格考试实施办法》和《注册消防工程师资格考核认定办法》。现印发给你们，请遵照执行。

人力资源社会保障部 公安部

2012 年 9 月 27 日

第一章　总　则

第一条　为提高消防专业技术人员能力和素质，加强消防专业技术人员队伍建设，保证消防安全技术服务与管理质量，根据《中华人民共和国消防法》和国家职业资格证书制度有关规定，制定本规定。

第二条　本规定适用于依据消防法律、法规有关规定，从事消防设施检测、消防安全监测等消防安全技术工作的专业技术人员。

第三条　国家对依法从事消防安全技术工作的专业技术人员，实行准入类职业资格制度，纳入全国专业技术人员职业资格证书制度统一规划。

第四条　本规定所称注册消防工程师，是指经考试取得相应级别注册消防工程师资格证书，并依法注册后，从事消防设施检测、消防安全监测等消防安全技术工作的专业技术人员。

第五条　注册消防工程师分为高级注册消防工程师、一级注册消防工程师和二级注册消防工程师。高级注册消防工程师评价办法另行制定。

一级注册消防工程师和二级注册消防工程师英文分别译为：

Level 1 Certified Fire Engineer

Level 2 Certified Fire Engineer

第六条　人力资源社会保障部、公安部共同负责注册消防工程师制度的政策制定，并按照职责分工对该制度的实施进行指导、监督和检查。

各省、自治区、直辖市人力资源社会保障行政主管部门和公安机关消防机构，按照职责分工负责本行政区域内注册消防工程师制度的实施与监督管理。

第二章 考 试

第七条 一级注册消防工程师资格实行全国统一大纲、统一命题、统一组织的考试制度。考试原则上每年举行一次。

第八条 公安部组织成立注册消防工程师资格考试专家委员会，负责拟定一级和二级注册消防工程师资格考试科目、考试大纲，组织一级注册消防工程师资格考试的命题工作，研究建立并管理考试试题库，提出一级注册消防工程师资格考试合格标准建议。

第九条 人力资源社会保障部组织专家审定一级和二级注册消防工程师资格考试科目、考试大纲和一级注册消防工程师资格考试试题，会同公安部确定一级注册消防工程师资格考试合格标准，并对考试工作进行指导、监督和检查。

第十条 省、自治区、直辖市人力资源社会保障行政主管部门会同公安机关消防机构，按照全国统一的考试大纲和相关规定组织实施二级注册消防工程师资格考试，并研究确定本地区二级注册消防工程师资格考试的合格标准。

第十一条 凡中华人民共和国公民，遵守国家法律、法规，恪守职业道德，并符合注册消防工程师资格考试报名条件之一的，均可申请参加相应级别注册消防工程师资格考试。

第十二条 一级注册消防工程师资格考试报名条件：

（一）取得消防工程专业大学专科学历，工作满 6 年，其中从事消防安全技术工作满 4 年；或者取得消防工程相关专业大学专科学历，工作满 7 年，其中从事消防安全技术工作满 5 年。

（二）取得消防工程专业大学本科学历或者学位，工作满 4 年，其中从事消防安全技术工作满 3 年；或者取得消防工程相关专业大学本科学历，工作满 5 年，其中从事消防安全技术工作满 4 年。

（三）取得含消防工程专业在内的双学士学位或者研究生班毕业，工作满 3 年，其中从事消防安全技术工作满 2 年；或者取得消防工程相关专业在内的双学士学位或者研究生班毕业，工作满 4 年，其中从事消防安全技术工作满 3 年。

（四）取得消防工程专业硕士学历或者学位，工作满 2 年，其中从事消防安全技术工作满 1 年；或者取得消防工程相关专业硕士学历或者学位，工作满 3 年，其中从事消防安全技术工作满 2 年。

（五）取得消防工程专业博士学历或者学位，从事消防安全技术工作满 1 年；或者取得消防工程相关专业博士学历或者学位，从事消防安全技术工作满 2 年。

（六）取得其他专业相应学历或者学位的人员，其工作年限和从事消防安全技术工作年限均相应增加 1 年。

第十三条 二级注册消防工程师资格考试报名条件：

（一）取得消防工程专业中专学历，从事消防安全技术工作满 3 年；或者取得消防工程相关专业中专学历，从事消防安全技术工作满 4 年。

（二）取得消防工程专业大学专科学历，从事消防安全技术工作满 2 年；或者取得消防工程相关专业大学专科学历，从事消防安全技术工作满 3 年。

（三）取得消防工程专业大学本科学历或者学位，从事消防安全技术工作满 1 年；或者取得消防工程相关专业大学本科学历或者学位，从事消防安全技术工作满 2 年。

（四）取得其他专业相应学历或者学位的人员，其从事消防安全技术工作年限相应增加 1 年。

第十四条 一级注册消防工程师资格考试合格，由人力资源社会保障部、公安部委托省、自治区、直辖市人力资源社会保障行政主管部门，颁发人力资源社会保障部统一印制，人力资源社会保障部、公安部共同用印的《中华人民共和国一级注册消防工程师资格证书》。该证书在全国范围有效。

第十五条 二级注册消防工程师资格考试合格，由省、自治区、直辖市人力资源社会保障行政主管部门颁发，省级人力资源社会保障行政主管部门和公安机关消防机构共同用印的《中华人民共和国二级注册消防工程师资格证书》。该证书在所在行政区域内有效。

第十六条 对以不正当手段取得一级、二级注册消防工程师资格证书的，按照《专业技术人员资格考试违纪违规行为处理规定》（人力资源社会保障部令第 12 号）处理。

第三章 注 册

第十七条 国家对注册消防工程师资格实行注册执业管理制度。取得一级、二级注册消防工程师资格证书的人员，经注册方可以相应级别注册消防工程师名义执业。

第十八条 公安部消防局是一级注册消防工程师资格的注册审批部门。省、自治区、直辖市公安机关消防机构为二级注册消防工程师资格的注册审批部门，并负责一级注册消防工程师资格注册的初步审查工作。

第十九条 取得一级、二级注册消防工程师资格证书并申请注册的人员，应当受聘于一个经批准的消防技术服务机构或者消防安全重点单位，并通过聘用单位向本单位所在地（聘用单位属企业的，通过本企业向工商注册所在地）的公安机关消防机构提交注册申请材料。

第二十条 省、自治区、直辖市公安机关消防机构在收到申请人的注册申请材料后，对申请材料不齐全或者不符合法定形式的，应当当场或者在5个工作日内，一次性告知申请人需要补正的全部内容，逾期不告知的，自收到申请材料之日起即为受理。

对受理或者不予受理的注册申请，均应当出具加盖本级公安机关消防机构专用印章和注明日期的书面凭证。

第二十一条 省、自治区、直辖市公安机关消防机构自受理注册申请之日起20个工作日内，按规定条件和程序完成一级注册消防工程师资格注册申请材料的初步审查工作和二级注册消防工程师资格的注册审批工作，并将一级注册消防工程师资格注册申请材料和初步审查意见报公安部消防局审批。

公安部消防局应当自收到省级公安机关消防机构报送的申请材料和初步审查意见之日起，20个工作日内作出是否批准的决定。

在规定的期限内不能作出批准决定的，应当将延长的期限和理由告知申请人。对作出不予批准决定的，应当书面说明理由，并告知申请人享有依法申请行政复议或者提起行政诉讼的权利。

第二十二条 注册审批部门应当自作出批准决定之日起 10 个工作日内，颁发、送达相应级别的注册证。

第二十三条 注册证的每一注册有效期为 3 年。注册证在有效期内是相应级别注册消防工程师的执业凭证，由注册消防工程师本人保管、使用。

第二十四条 申请初始注册的，应当自取得一级、二级注册消防工程师资格证书之日起 1 年内提出申请。逾期申请初始注册时，须符合本规定继续教育要求。

初始注册、延续注册、变更注册、注销注册和不予注册等注册管理的具体办法，由公安部另行规定。

第二十五条 继续教育是注册消防工程师延续注册、重新注册和逾期初始注册的必备条件。在每个注册有效期内，各级别注册消防工程师应当按照规定完成相应的继续教育。

第二十六条 注册审批部门应当及时向社会公告注册消防工程师注册有关情况，建立注册消防工程师诚信档案，对其执业活动实行信用管理。

第二十七条 各级注册消防工程师资格的注册管理部门，应当严格执行《中华人民共和国行政许可法》有关规定。

第四章　执　业

第二十八条 注册消防工程师应当在一个经批准的消防技术服务机构或者消防安全重点单位，开展与该机构业务范围和本人资格级别相符的消防安全技术执业活动。

第二十九条 注册消防工程师的执业范围：

（一）一级注册消防工程师

1. 消防技术咨询与消防安全评估；

2. 消防安全管理与技术培训；

3. 消防设施检测与维护；

4. 消防安全监测与检查；

5. 火灾事故技术分析；

6. 公安部规定的其他消防安全技术工作。

（二）二级注册消防工程师

1. 除 100 米（含）以上公共建筑、大型的人员密集场所、大型的危险化学品单位外的火灾高危单位消防安全评估；

2. 除 250 米（含）以上高层公共建筑、大型的危险化学品单位外的消防安全管理；

3. 单体建筑面积 4 万平方米及以下建筑的消防设施检测与维护；

4. 消防安全监测与检查；

5. 省级公安机关规定的其他消防安全技术工作。

第三十条 注册消防工程师的能力要求：

（一）一级注册消防工程师

1. 熟悉国家消防法律、法规、规章及相关规定，具有较丰富的消防安全技术工作经验；

2. 了解国际消防相关标准和技术规范，及时掌握消防技术前沿发展动态，能够独立解决重大、复杂、疑难的消防安全技术问题；

3. 熟练运用消防相关技术标准、规范和手段，圆满完成执业范围内各项工作，所签署的消防安全技术咨询和评估、消防设施检测和维护等各类技术文件准确无误，所维护的消防设施完好有效；

4. 具有较强的消防技术课题研究能力，能够应用新技术成果，指导二级注册消防工程师工作。

（二）二级注册消防工程师

1. 熟悉国家消防法律、法规、规章及相关规定，具有一定的消防安全技术工作经验；

2. 熟练运用消防相关技术标准、规范和手段，及时发现和解决一般性消防安全技术问题；

3. 较好完成执业范围内各项工作，所签署的消防安全技术咨询和评估、消防设施检测和维护等各类技术文件真实、完整、准确，所维护的消防设施完好有效。

第三十一条　消防安全技术服务活动中形成的消防安全技术文件，应当由相应级别的注册消防工程师签字，并承担相应法律责任。

第五章　权利与义务

第三十二条　注册消防工程师享有下列权利：

（一）使用注册消防工程师称谓；

（二）在规定范围内从事消防安全技术执业活动；

（三）对违反相关法律、法规和技术标准的行为提出劝告，并向本级别注册审批部门或者上级主管部门报告；

（四）接受继续教育；

（五）获得与执业责任相应的劳动报酬；

（六）对侵犯本人权利的行为进行申诉。

第三十三条　注册消防工程师履行下列义务：

（一）遵守法律、法规和有关管理规定，恪守职业道德；

（二）执行消防法律、法规、规章及有关技术标准；

（三）履行岗位职责，保证消防安全技术执业活动质量，并承担相应责任；

（四）保守知悉的国家秘密和聘用单位的商业、技术秘密；

（五）不得允许他人以本人名义执业；

（六）不断更新知识，提高消防安全技术能力；

（七）完成注册管理部门交办的相关工作。

第六章　附　则

第三十四条　在注册消防工程师制度实施前长期从事消防安全技术工作，符合考核认定条件的人员，可以通过考核认定的办法取得注册消防工程师资格证书。

第三十五条　对通过考试取得相应级别注册消防工程师资格证书，且符合《工程技术人员职务试行条例》中工程师、助理工程师技术职务任职条件的人员，用人单位可根据工作需要择优聘任相应级别专业技术职务。其中，取得一级注册消防工程师资格证书可聘任工程师职务；取得二级注册消防工程师资格证书可聘任助理工程师职务。

第三十六条　通过考试取得的一级注册消防工程师资格，是消防安全监测、消防设施检测领域申请评定消防专业高级工程师职称的必备条件。

第三十七条　二级注册消防工程师资格注册执业的具体管理办法，由省级公安机关消防机构根据本规定和公安部相关要求制定，并报公安部消防局备案。

第三十八条　消防设施检测、消防安全监测等消防技术服务机构及消防安全重点单位，配备相应级别注册消防工程师的数量、注册消防工程师签字的文件种类、继续教育等注册执业的具体要求和管理办法，由公安部另行规定。

第三十九条　本规定自 2013 年 1 月 1 日起施行。

附　录

注册消防工程师资格考试实施办法

人社部发〔2012〕56号

第一条　人力资源社会保障部、公安部共同委托人力资源社会保障部人事考试中心承担一级注册消防工程师资格考试的具体考务工作。

各省、自治区、直辖市人力资源社会保障行政主管部门和公安机关消防机构共同负责本地区的考试工作，具体职责分工由各地协商确定。

第二条　各省、自治区、直辖市人力资源社会保障行政主管部门和公安机关消防机构按照《注册消防工程师制度暂行规定》（以下简称《暂行规定》）和本办法有关要求组织实施二级注册消防工程师资格考试。

第三条　一级注册消防工程师资格考试设《消防安全技术实务》、《消防安全技术综合能力》和《消防安全案例分析》3个科目。

二级注册消防工程师资格考试设《消防安全技术综合能力》和《消防安全案例分析》2个科目。

第四条　一级注册消防工程师资格考试分3个半天进行。

《消防安全技术实务》和《消防安全技术综合能力》科目的考试时间均为 2.5 小时，《消防安全案例分析》科目的考试时间为 3 小时。

考试成绩实行 3 年为一个周期的滚动管理办法，在连续的 3 个考试年度内参加应试科目的考试并合格，方可取得一级注册消防工程师资格证书。

第五条 二级注册消防工程师资格考试分 2 个半天进行。《消防安全技术综合能力》科目的考试时间为 2.5 小时，《消防安全案例分析》科目的考试时间为 3 小时。

考试成绩实行 2 年为一个周期的滚动管理办法，在连续的 2 个考试年度内参加应试科目的考试并合格，方可取得二级注册消防工程师资格证书。

第六条 符合《暂行规定》中一级注册消防工程师资格考试报名条件，并具备下列一项条件的，可免试《消防安全技术实务》科目，只参加《消防安全技术综合能力》和《消防安全案例分析》2 个科目的考试。

（一）2011 年 12 月 31 日前，评聘高级工程师技术职务的；

（二）通过全国统一考试取得一级注册建筑师资格证书，或者勘察设计各专业注册工程师资格证书的。

在连续的 2 个考试年度内参加上述科目考试并合格，可取得一级注册消防工程师资格证书。

第七条 参加考试由本人提出申请，按规定携带相关证明材料，到当地考试管理机构报名。考试管理机构按规定的程序和报名条件审核合格后，核发准考证。参加考试人员凭准考证和有效证件在指定的日期、时间和地点参加考试。

中央和国务院各部门及所属单位、中央管理企业的人员按属地原则报名参加考试。

第八条　考点原则上设在直辖市和省会城市的大、中专院校或者高考定点学校，如确需在其他城市设置考点，须经人力资源社会保障部和公安部批准。考试日期原则上为每年第四季度。

第九条　坚持考试与培训分开的原则。凡参与考试工作（包括命题、审题与组织管理等）的人员，不得参加考试，也不得参加或者举办与考试内容相关的培训工作，不得强迫应试人员参加与考试相关的培训。

第十条　考试管理部门和考务实施机构，应当严格执行考试工作的各项规章制度，遵守考试工作纪律，切实做好试卷命制、印刷、发送和保管过程中的保密工作，严防泄密。

第十一条　对违反考试工作纪律和有关规定的人员，按照《专业技术人员资格考试违纪违规行为处理规定》（人力资源社会保障部令第 12 号）处理。

注册消防工程师管理规定

中华人民共和国公安部令

第 143 号

《注册消防工程师管理规定》已经 2017 年 2 月 27 日公安部部长办公会议通过，现予发布，自 2017 年 10 月 1 日起施行。

中华人民共和国公安部

2017 年 3 月 16 日

第一章 总 则

第一条 为了加强对注册消防工程师的管理，规范注册消防工程师的执业行为，保障消防安全技术服务与管理质量，根据《中华人民共和国消防法》，制定本规定。

第二条 取得注册消防工程师资格证书人员的注册、执业和继续教育及其监督管理，适用本规定。

第三条　本规定所称注册消防工程师，是指取得相应级别注册消防工程师资格证书并依法注册后，从事消防设施维护保养检测、消防安全评估和消防安全管理等工作的专业技术人员。

第四条　注册消防工程师实行注册执业管理制度。注册消防工程师分为一级注册消防工程师和二级注册消防工程师。

第五条　公安部消防局对全国注册消防工程师的注册、执业和继续教育实施指导和监督管理。

县级以上地方公安机关消防机构对本行政区域内注册消防工程师的注册、执业和继续教育实施指导和监督管理。

第六条　注册消防工程师应当严格遵守有关法律、法规和国家标准、行业标准，恪守职业道德和执业准则，增强服务意识和社会责任感，不断提高专业素质和业务水平。

第七条　鼓励依托消防协会成立注册消防工程师行业协会。注册消防工程师行业协会应当依法登记和开展活动，加强行业自律管理，规范执业行为，促进行业健康发展。

注册消防工程师行业协会不得从事营利性社会消防技术服务活动，不得通过制定行业规则或者其他方式妨碍公平竞争，损害他人利益和社会公共利益。

第二章　注　册

第八条　取得注册消防工程师资格证书的人员，必须经过注册，方能以相应级别注册消防工程师的名义执业。

未经注册，不得以注册消防工程师的名义开展执业活动。

第九条　省、自治区、直辖市公安机关消防机构（以下简称省级公安机关消防机构）是一级、二级注册消防工程师的注册审批部门。

第十条 注册消防工程师的注册分为初始注册、延续注册和变更注册。

第十一条 申请注册的人员，应当同时具备以下条件：

（一）依法取得注册消防工程师资格证书；

（二）受聘于一个消防技术服务机构或者消防安全重点单位，并担任技术负责人、项目负责人或者消防安全管理人；

（三）无本规定第二十三条所列情形。

第十二条 申请注册的人员，应当通过聘用单位向单位所在地（企业工商注册地）的省级或者地市级公安机关消防机构提交注册申请材料。

申请注册的人员，拟在消防技术服务机构的分支机构所在地开展执业活动的，应当通过该分支机构向其所在地的省级或者地市级公安机关消防机构提交注册申请材料。

第十三条 公安机关消防机构收到注册申请材料后，对申请材料齐全、符合法定形式的，应当出具受理凭证；不予受理的，应当出具不予受理凭证并载明理由。对申请材料不齐全或者不符合法定形式的，应当当场或者在五日内一次告知申请人需要补正的全部内容，逾期不告知的，自收到申请材料之日起即为受理。

地市级公安机关消防机构受理注册申请后，应当在三日内将申请材料送至省级公安机关消防机构。

第十四条 省级公安机关消防机构应当自受理之日起二十日内对申请人条件和注册申请材料进行审查并作出注册决定。在规定的期限内不能作出注册决定的，经省级公安机关消防机构负责人批准，可以延长十日，并应当将延长期限的理由告知申请人。

第十五条 省级公安机关消防机构应当自作出注册决定之日起十日内颁发相应级别的注册证、执业印章，并向社会公告；对作出不予注册决定的，应当出具不予注册决定书并载明理由。

注册消防工程师的注册证、执业印章式样由公安部消防局统一制定，省级公安机关消防机构组织制作。

第十六条 注册证、执业印章的有效期为三年，自作出注册决定之日起计算。

申请人领取一级注册消防工程师注册证、执业印章时，已经取得二级注册消防工程师注册证、执业印章的，应当同时将二级注册消防工程师注册证、执业印章交回。

第十七条 申请初始注册的，应当自取得注册消防工程师资格证书之日起一年内提出。

本规定施行前已经取得注册消防工程师资格但尚未注册的，应当在本规定施行之日起一年内提出申请。

逾期未申请初始注册的，应当参加继续教育，并在达到继续教育的要求后方可申请初始注册。

第十八条 申请初始注册应当提交下列材料：

（一）初始注册申请表；

（二）申请人身份证明材料、注册消防工程师资格证书等复印件；

（三）聘用单位消防技术服务机构资质证书副本复印件或者消防安全重点单位证明材料；

（四）与聘用单位签订的劳动合同或者聘用文件复印件，社会保险证明或者人事证明复印件。

聘用单位同时申请消防技术服务机构资质的，申请人无需提供前款第三项规定的材料。

逾期申请初始注册的，还应当提交达到继续教育要求的证明材料。

第十九条 注册有效期满需继续执业的，应当在注册有效期届满三个月前，按照本规定第十二条的规定申请延续注册，并提交下列材料：

（一）延续注册申请表；

（二）原注册证、执业印章；

（三）与聘用单位签订的劳动合同或者聘用文件复印件，社会保险证明或者人事证明复印件；

（四）符合本规定第二十九条第二款规定的执业业绩证明材料；

（五）继续教育的证明材料。

第二十条 注册消防工程师在注册有效期内发生下列情形之一的，应当按照本规定第十二条的规定申请变更注册：

（一）变更聘用单位的；

（二）聘用单位名称变更的；

（三）注册消防工程师姓名变更的。

第二十一条 申请变更注册，应当提交变更注册申请表、原注册证和执业印章，以及下列变更事项证明材料：

（一）注册消防工程师变更聘用单位的，提交新聘用单位的消防技术服务机构资质证书副本复印件或者消防安全重点单位证明材料，与新聘用单位签订的劳动合同或者聘用文件复印件，社会保险证明或者人事证明复印件，与原聘用单位解除（终止）工作关系证明；

（二）注册消防工程师聘用单位名称变更的，提交变更后的单位工商营业执照等证明文件复印件；

（三）注册消防工程师姓名变更的，提交户籍信息变更材料。

变更注册后，有效期仍延续原注册有效期。原注册有效期届满在半年以内的，可以同时提出延续注册申请；准予延续的，注册有效期重新计算。

第二十二条 注册消防工程师在申请变更注册之日起，至注册审批部门准予其变更注册之前不得执业。

第二十三条 申请人有下列情形之一的，不予注册：

（一）不具有完全民事行为能力或者年龄超过 70 周岁的；

（二）申请在非消防技术服务机构、非消防安全重点单位，或者两个以上消防技术服务机构、消防安全重点单位注册的；

（三）刑事处罚尚未执行完毕，或者因违法执业行为受到刑事处罚，自刑事处罚执行完毕之日起至申请注册之日止不满五年的；

（四）未达到继续教育、执业业绩要求的；

（五）因存在本规定第五十条违法行为被撤销注册，自撤销注册之日起至申请注册之日止不满三年的；

（六）因存在本规定第五十五条第二项、第五十六条、第五十七条违法执业行为之一被注销注册，自注销注册之日起至申请注册之日止不满三年的；

（七）因存在本规定第五十五条第一项、第三项违法执业行为之一被注销注册，自注销注册之日起至申请注册之日止不满一年的；

（八）因违法执业行为受到公安机关消防机构行政处罚，未履行完毕的。

第二十四条 注册消防工程师注册证、执业印章遗失的，应当及时向原注册审批部门备案。

注册消防工程师注册证或者执业印章遗失、污损需要补办、更换的，应当持聘用单位和本人共同出具的遗失说明，或者污损的原注册证、执业印章，向原注册审批部门申请补办、更换。原注册审批部门应当自受理之日起十日内办理完毕。补办、更换的注册证、执业印章有效期延续原注册有效期。

第三章　执　业

第二十五条 注册证、执业印章是注册消防工程师的执业凭证，由注册消防工程师本人保管、使用。

第二十六条 一级注册消防工程师可以在全国范围内执业；二级注册消防工程师可以在注册所在省、自治区、直辖市范围内执业。

第二十七条 一级注册消防工程师的执业范围包括：

（一）消防技术咨询与消防安全评估；

（二）消防安全管理与消防技术培训；

（三）消防设施维护保养检测（含灭火器维修）；

（四）消防安全监测与检查；

（五）火灾事故技术分析；

（六）公安部或者省级公安机关规定的其他消防安全技术工作。

第二十八条 二级注册消防工程师的执业范围包括：

（一）除 100 米以上公共建筑、大型的人员密集场所、大型的危险化学品单位外的火灾高危单位消防安全评估；

（二）除 250 米以上公共建筑、大型的危险化学品单位外的消防安全管理；

（三）单体建筑面积 4 万平方米以下建筑的消防设施维护保养检测（含灭火器维修）；

（四）消防安全监测与检查；

（五）公安部或者省级公安机关规定的其他消防安全技术工作。

省级公安机关消防机构应当结合实际，根据上款规定确定本地区二级注册消防工程师的具体执业范围。

第二十九条　注册消防工程师的执业范围应当与其聘用单位业务范围和本人注册级别相符合，本人的执业范围不得超越其聘用单位的业务范围。

受聘于消防技术服务机构的注册消防工程师，每个注册有效期应当至少参与完成 3 个消防技术服务项目；受聘于消防安全重点单位的注册消防工程师，一个年度内应当至少签署 1 个消防安全技术文件。

注册消防工程师的聘用单位应当加强对本单位注册消防工程师的管理，对其执业活动依法承担法律责任。

第三十条　下列消防安全技术文件应当以注册消防工程师聘用单位的名义出具，并由担任技术负责人、项目负责人或者消防安全管理人的注册消防工程师签名，加盖执业印章：

（一）消防技术咨询、消防安全评估、火灾事故技术分析等书面结论文件；

（二）消防安全重点单位年度消防工作综合报告；

（三）消防设施维护保养检测书面结论文件；

（四）灭火器维修合格证；

（五）法律、法规规定的其他消防安全技术文件。

修改经注册消防工程师签名盖章的消防安全技术文件，应当由原注册消防工程师进行；因特殊情况，原注册消防工程师不能进行修改的，应当由其他相应级别的注册消防工程师修改，并签名、加盖执业盖章，对修改部分承担相应的法律责任。

第三十一条 注册消防工程师享有下列权利：

（一）使用注册消防工程师称谓；

（二）保管和使用注册证和执业印章；

（三）在规定的范围内开展执业活动；

（四）对违反相关法律、法规和国家标准、行业标准的行为提出劝告，拒绝签署违反国家标准、行业标准的消防安全技术文件；

（五）参加继续教育；

（六）依法维护本人的合法执业权利。

第三十二条 注册消防工程师应当履行下列义务：

（一）遵守和执行法律、法规和国家标准、行业标准；

（二）接受继续教育，不断提高消防安全技术能力；

（三）保证执业活动质量，承担相应的法律责任；

（四）保守知悉的国家秘密和聘用单位的商业、技术秘密。

第三十三条 注册消防工程师不得有下列行为：

（一）同时在两个以上消防技术服务机构，或者消防安全重点单位执业；

（二）以个人名义承接执业业务、开展执业活动；

（三）在聘用单位出具的虚假、失实消防安全技术文件上签名、加盖执业印章；

（四）变造、倒卖、出租、出借，或者以其他形式转让资格证书、注册证或者执业印章；

（五）超出本人执业范围或者聘用单位业务范围开展执业活动；

（六）不按照国家标准、行业标准开展执业活动，减少执业活动项目内容、数量，或者降低执业活动质量；

（七）违反法律、法规规定的其他行为。

第四章　继续教育

第三十四条　注册消防工程师在每个注册有效期内应当达到继续教育要求。具有注册消防工程师资格证书的非注册人员，应当持续参加继续教育，并达到继续教育要求。

第三十五条　公安部消防局统一管理全国注册消防工程师的继续教育工作，组织制定一级注册消防工程师的继续教育规划和计划。

省级公安机关消防机构负责本行政区域内一级、二级注册消防工程师继续教育的组织实施和管理，组织制定二级注册消防工程师的继续教育规划和计划。省级公安机关消防机构可以委托教育培训机构实施继续教育。

第三十六条　注册消防工程师继续教育可以按照注册级别，采取集中面授、网络教学等多种形式进行。

第三十七条　对达到继续教育要求的注册消防工程师，实施继续教育培训的机构应当出具证明材料。

第五章　监督管理

第三十八条　县级以上公安机关消防机构依照有关法律、法规和本规定，对本行政区域内注册消防工程师的执业活动实施监督管理。

注册消防工程师及其聘用单位对公安机关消防机构依法进行的监督管理应当协助与配合，不得拒绝或者阻挠。

第三十九条　省级公安机关消防机构应当制定对注册消防工程师执业活动的监督抽查计划。县级以上地方公安机关消防机构应当根据监督抽查计划，结合日常消防监督检查工作，对注册消防工程师的执业活动实施监督抽查。

公安机关消防机构对注册消防工程师的执业活动实施监督抽查时，检查人员不得少于两人，并应当表明执法身份。

第四十条　公安机关消防机构对发现的注册消防工程师违法执业行为，应当责令立即改正或者限期改正，并依法查处。

公安机关消防机构对注册消防工程师作出处理决定后，应当在作出处理决定之日起七日内将违法执业事实、处理结果或者处理建议抄告原注册审批部门。原注册审批部门收到抄告后，应当依法作出责令停止执业、注销注册或者吊销注册证等处理。

第四十一条　公安机关消防机构工作人员滥用职权、玩忽职守作出准予注册决定的，作出决定的公安机关消防机构或者其上级公安机关消防机构可以撤销注册。

第四十二条　注册消防工程师有下列情形之一的，注册审批部门应当予以注销注册，并将其注册证、执业印章收回或者公告作废：

（一）不具有完全民事行为能力或者年龄超过 70 周岁的；

（二）申请注销注册或者注册有效期满超过三个月未延续注册的；

（三）被撤销注册、吊销注册证的；

（四）在一个注册有效期内有本规定第五十五条第二项、第五十六条、第五十七条所列情形一次以上，或者第五十五条第一项、第三项所列情形两次以上的；

（五）执业期间受到刑事处罚的；

（六）聘用单位破产、解散、被撤销，或者被注销消防技术服务机构资质的；

（七）与聘用单位解除（终止）工作关系超过三个月的；

（八）法律、行政法规规定的其他情形。

被注销注册的人员在具备初始注册条件后，可以重新申请初始注册。

第四十三条 公安机关消防机构实施监督检查时，有权采取下列措施：

（一）查看注册消防工程师的注册证、执业印章、签署的消防安全技术文件和社会保险证明；

（二）查阅注册消防工程师聘用单位、服务单位相关资料，询问有关事项；

（三）实地抽查注册消防工程师执业活动情况，核查执业活动质量；

（四）法律、行政法规规定的其他措施。

第四十四条 公安机关消防机构实施监督检查时，应当重点抽查下列情形：

（一）注册消防工程师聘用单位是否符合要求；

（二）注册消防工程师是否具备注册证、执业印章；

（三）是否存在违反本规定第三十条、第三十三条规定的情形。

第四十五条 公安机关消防机构对注册消防工程师执业活动中的违法行为除给予行政处罚外，实行违法行为累积记分制度。

累积记分管理的具体办法，由公安部制定。

第四十六条 注册消防工程师聘用单位应当建立本单位注册消防工程师的执业档案，并确保执业档案真实、准确、完整。

第四十七条 任何单位和个人都有权对注册消防工程师执业活动中的违法行为和公安机关消防机构及其工作人员监督管理工作中的违法行为进行举报、投诉。

公安机关消防机构接到举报、投诉后，应当及时进行核查、处理。

第六章　法律责任

第四十八条 注册消防工程师及其聘用单位违反本规定的行为，法律、法规已经规定法律责任的，依照有关规定处理。

第四十九条 隐瞒有关情况或者提供虚假材料申请注册的，公安机关消防机构不予受理或者不予许可，申请人在一年内不得再次申请注册；聘用单位为申请人提供虚假注册申请材料的，同时对聘用单位处一万元以上三万元以下罚款。

第五十条 申请人以欺骗、贿赂等不正当手段取得注册消防工程师资格注册的，原注册审批部门应当撤销其注册，并处一万元以下罚款；申请人在三年内不得再次申请注册。

第五十一条 未经注册擅自以注册消防工程师名义执业，或者被依法注销注册后继续执业的，责令停止违法活动，处一万元以上三万元以下罚款。

第五十二条 注册消防工程师有需要变更注册的情形，未经注册审批部门准予变更注册而继续执业的，责令改正，处一千元以上一万元以下罚款。

第五十三条 注册消防工程师聘用单位出具的消防安全技术文件，未经注册消防工程师签名或者加盖执业印章的，责令改正，处一千元以上一万元以下罚款。

第五十四条 注册消防工程师未按照国家标准、行业标准开展执业活动，减少执业活动项目内容、数量，或者执业活动质量不符合国家标准、行业标准的，责令改正，处一千元以上一万元以下罚款。

第五十五条 注册消防工程师有下列行为之一的，责令改正，处一万元以上二万元以下罚款：

（一）以个人名义承接执业业务、开展执业活动的；

（二）变造、倒卖、出租、出借或者以其他形式转让资格证书、注册证、执业印章的；

（三）超出本人执业范围或者聘用单位业务范围开展执业活动的。

第五十六条 注册消防工程师同时在两个以上消防技术服务机构或者消防安全重点单位执业的，依据《社会消防技术服务管理规定》第四十七条第二款的规定处罚。

第五十七条 注册消防工程师在聘用单位出具的虚假、失实消防安全技术文件上签名或者加盖执业印章的，依据《中华人民共和国消防法》第六十九条的规定处罚。

第五十八条　本规定规定的行政处罚，除第五十条、第五十七条另有规定的外，由违法行为地的县级以上公安机关消防机构决定。

第五十九条　注册消防工程师对公安机关消防机构在注册消防工程师监督管理中作出的具体行政行为不服的，可以依法申请行政复议或者提起行政诉讼。

第六十条　公安机关消防机构工作人员有下列行为之一，尚不构成犯罪的，依法给予处分；构成犯罪的，依法追究刑事责任：

（一）超越法定职权、违反法定程序或者对不符合法定条件的申请人准予注册的；

（二）对符合法定条件的申请人不予受理、注册或者拖延办理的；

（三）利用职务上的便利，索取或者收受他人财物或者谋取不正当利益的；

（四）不依法履行监督管理职责或者发现违法行为不依法处理的。

第七章　附　则

第六十一条　本规定中的"日"是指工作日，不含法定节假日；"以上"、"以下"包括本数、本级。

第六十二条　本规定自 2017 年 10 月 1 日起施行。

农家乐（民宿）建筑
防火导则（试行）

住房城乡建设部　公安部　国家旅游局关于
印发农家乐（民宿）建筑防火导则（试行）的通知
建村〔2017〕50号

各省、自治区、直辖市住房城乡建设厅（建委）、公安
厅（局）、旅游委（局），北京市农委，上海市规划国
土资源局，新疆生产建设兵团建设局、公安局：

为切实加强农家乐（民宿）建筑防火安全，保护
人民群众生命和财产安全，推动农家乐（民宿）健康
发展，住房城乡建设部、公安部、国家旅游局研究制
定了《农家乐（民宿）建筑防火导则（试行）》。现
印发给你们，请遵照执行。

中华人民共和国住房和城乡建设部
中华人民共和国公安部
中华人民共和国国家旅游局
2017年2月27日

第一章　总　则

第一条　为预防农家乐（民宿）建筑火灾，规范防火改造措施，加强消防安全管理水平，降低火灾风险，保护人身和财产安全，促进乡村旅游发展，制定本农家乐（民宿）建筑防火导则。

第二条　本导则中农家乐（民宿）是指位于镇（不包括城关镇）、乡、村庄的，利用村民自建住宅进行改造的，为消费者提供住宿、餐饮、休闲娱乐、小型零售等服务的场所。

第三条　本导则适用于经营用客房数量不超过 14 个标准间（或单间）、最高 4 层且建筑面积不超过 800m² 的农家乐（民宿）。

超过上述规模或新建的农家乐（民宿），应符合《农村防火规范》GB50039、《旅馆建筑设计规范》JGJ 62、《建筑设计防火规范》GB 50016 要求。

本导则不适用于土楼、地坑院、窑洞、毡房、蒙古包等传统建筑。

已经投入使用的农家乐（民宿）的消防安全技术措施不符合本导则要求的，应按本导则要求进行改造，完善消防安全技术措施。

第四条　防火改造措施应当遵循因地制宜、安全适用的原则。

第五条　本导则适用范围内的农家乐（民宿）不纳入建设工程消防监督管理和公众聚集场所开业前消防安全检查范围。

第六条 文物建筑改造为农家乐（民宿）时应符合文物部门的有关规定。

第二章 消防基础设施要求

第七条 设有农家乐（民宿）的村镇，其消防基础设施应与农村基础设施统一建设和管理。

第八条 设有农家乐（民宿）的村镇建设给水管网时，应配置消火栓。已有给水管网但未配置消火栓的地区，村镇改造时应统一配置室外消火栓。无给水管网的地区，村镇改造时应设置天然水源取水设施或消防水池，山区宜设置高位消防水池。消防水池的容量不宜小于 $144m^3$，当村镇内的农家乐（民宿）柱、梁、楼板为可燃材料时，消防水池的容量不宜小于 $200m^3$。

第九条 砖木结构、木结构的农家乐（民宿）连片分布的区域，应采取设置防火隔离带、设置防火分隔、开辟消防通道、提高建筑耐火等级、改造给水管网、增设消防水源等措施，改善消防安全条件、降低火灾风险。

第三章 消防安全技术措施

第十条 农家乐（民宿）建筑应满足下列基本消防安全条件：

1. 不得采用金属夹心板材作为建筑材料；

2. 休闲娱乐区、具有娱乐功能的餐饮区总建筑面积不应大于 $500m^2$；

3. 位于同一建筑内的不同农家乐（民宿）之间应采用不燃

性实体墙进行分隔，并独立进行疏散；

4. 应设置独立式感烟火灾探测报警器或火灾自动报警系统；

5. 每 25m² 应至少配备一具 2kg 灭火器，灭火器可采用水基型灭火器或 ABC 干粉灭火器，灭火器设置在各层的公共部位及首层出口处；

6. 每间客房均应按照住宿人数每人配备手电筒、逃生用口罩或消防自救呼吸器等设施，并应在明显部位张贴疏散示意图；

7. 安全出口、楼梯间、疏散走道应设置保持视觉连续的灯光疏散指示标志，楼梯间、疏散走道应设置应急照明灯。

第十一条 封闭楼梯间、敞开楼梯间、室外楼梯的出入口或直通室外的出口可以作为安全出口；当主体结构为可燃材料时，木质楼梯应经阻燃处理，楼梯的宽度、坡度应满足人员疏散要求。

第十二条 墙、柱、梁、楼板和屋顶承重构件等均为不燃材料的农家乐（民宿），应符合下列消防安全要求：

1. 采用钢结构时应进行防火保护，柱的耐火极限应达到 2.0h，梁的耐火极限应达到 1.5h；

2. 每层安全出口不应少于 2 个，相邻两个安全出口最近边缘之间的水平距离应大于 5m。当房间门至楼梯入口的疏散距离小于 15m，且使用楼梯疏散的各层人数之和不超过 50 人时，除首层外可设置 1 个安全出口；

3. 楼梯间隔墙、室外楼梯贴邻的外墙、楼梯的建造材料应采用不燃材料。

第十三条 墙、柱、梁、楼板等均为不燃材料，屋顶承重构件为可燃材料的农家乐（民宿），应符合下列消防安全要求：

1. 经营用建筑层数不应超过 3 层；

2. 采用钢结构时应进行防火保护，柱的耐火极限应达到 2.0h，梁的耐火极限应达到 1.0h；

3. 每层安全出口不应少于 2 个，相邻两个安全出口最近边缘之间的水平距离应大于 5m。当房间门至楼梯入口的疏散距离小于 15m，且使用楼梯疏散的各层人数之和不超过 25 人时，除首层外可设置 1 个安全出口；

4. 楼梯间隔墙、室外楼梯贴邻的外墙、楼梯的建造材料应采用不燃材料。

第十四条 柱、梁、楼板等为可燃材料的农家乐（民宿），应符合下列消防安全要求：

1. 经营用建筑层数不应超过 3 层；当经营用建筑层数为 3 层时，每层最大建筑面积不应超过 $200m^2$；当经营用建筑层数为 2 层时，每层最大建筑面积不应超过 $300m^2$；

2. 每一层安全出口不应少于 2 个，相邻两个安全出口最近边缘之间的水平距离应大于 5m。当每层最大建筑面积不超过 $200m^2$，房间门至楼梯入口的疏散距离小于 15m，且使用楼梯疏散的各层人数之和不超过 15 人时，除首层外可设置 1 个安全出口。

第十五条 客房、餐厅、休闲娱乐区、零售区、厨房等不应设置在地下室或半地下室。零售区、厨房宜设置在首层或其他设有直接对外出口的楼层。

第十六条 客房、餐厅、休闲娱乐场所、厨房等应设有开向户外的窗户，确有困难时，可开向开敞的内天井。窗户不应设置金属栅栏、防盗网、广告牌等遮挡物，确需设置防盗网时，防盗网和窗户应从内部易于开启。窗户净高度不宜小于 1.0m，净宽度不宜小于 0.8m，窗台下沿距室内地面高度不应大于 1.2m。

第十七条 厨房与建筑内的其他部位之间应采用防火分隔措施。厨房墙面应采用不燃材料，顶棚和屋面应采用不燃或难燃材料，灶台、烟囱应采用不燃材料。

砖木结构、木结构的农家乐（民宿）厨房防火措施达不到要求的，与炉灶相邻的墙面应作不燃化处理，灶台周围 2.0m 范围内应采用不燃地面，炉灶正上方 2.0m 范围内不应有可燃物。

第十八条 有条件的地区，可在二层以上客房、餐厅设置建筑火灾逃生避难器材。

第十九条 具备条件的砖木结构、木结构农家乐（民宿）建筑可适当进行阻燃处理，以提高主要建筑构件耐火能力。

第二十条 单栋建筑客房数量超过 8 间或同时用餐、休闲娱乐人数超过 40 人时，应设置简易自动喷水灭火系统；如给水管网压力不足但具备自来水管道时，应设置轻便消防水龙。

第二十一条 禁止采用可燃、易燃装修材料。楼梯间的顶棚、墙面和地面应采用不燃装修材料；疏散走道的顶棚应采用不燃装修材料，墙面和地面应采用不燃或难燃的装修材料；客房与公共活动用房的顶棚、地面应采用不燃或难燃的装修材料。建筑外墙不得采用可燃易燃保温材料和可燃易燃外墙装饰装修材料。

第二十二条 应当在可燃气体或液体储罐、可燃物堆放场地、停车场等场所。以及临近山林、草场的显著位置设置"禁止烟火"、"禁止吸烟"、"禁止放易燃物"、"禁止带火种"、"禁止燃放鞭炮"、"当心火灾—易燃物"、"当心爆炸—爆炸性物质"等警示标志。在消防设施设置场所、具有火灾危险性的区域应在显著位置设置相应消防安全警示标志或防火公约。

第四章　日常消防安全管理

第二十三条　应确保疏散通道、安全出口、消防车通道畅通。不得损坏、挪用或擅自拆除、停用消防设施、器材，不得埋压、圈占、遮挡消火栓或占用防火间距。

第二十四条　每日昼夜应各进行一次消防安全巡检，确保消防安全。

第二十五条　不应在燃煤燃柴炉灶周围 2m 范围内堆放柴草等可燃物。严禁在卧室使用燃气灶具。严禁卧床吸烟。砖木结构、木结构的农家乐（民宿）建筑内严禁吸烟。

第二十六条　农家乐（民宿）的客房内不得使用明火加热、取暖。在其他场所使用明火加热、取暖，或使用明火照明、驱蚊时，应将火源放置在不燃材料的基座上，与周围可燃物确保安全距离。

第二十七条　燃放烟花爆竹、烧烤、篝火，或有其他动用明火行为时，应设置单独区域，并应远离易燃易爆危险品存放地和柴草、饲草、农作物等可燃物堆放地，以及车辆停放区域。

禁止在农家乐（民宿）建筑周边 30m 范围内销售、存储、燃放烟花爆竹，并严格遵守当地关于禁止燃放烟花爆竹的相关规定。

农家乐（民宿）临近山区、林场、农场、牧场、风景名胜区时，禁止燃放孔明灯。

第二十八条　室内敷设电气线路时应避开潮湿部位和炉灶、烟囱等高温部位，且不应直接敷设在可燃物上，导线的连接部分应牢固可靠。当必需敷设在可燃物上或在有可燃物的吊顶内时，应穿金属管、阻燃套管保护，或采用阻燃电缆。严禁私拉乱接电气线路，严禁擅自增设大功率用电设备，严禁在电气线路上搭、挂物品。

第二十九条　严禁使用铜丝、铁丝等代替保险丝，不得随意更换大额定电流保险丝。客房内严禁使用大功率用电设备；厨房内使用电加热设备后，应及时切断电源。停电后应拔掉电加热设备电源插头。用电取暖时，应选用具备超温自动关闭功能的设备。

第三十条　照明灯具表面的高温部位应与可燃物保持 0.5m 以上的距离；靠近可燃物布置时，应采取隔热、散热等措施。使用额定功率超过 100W 的灯具时，引入线应采用瓷管、矿棉等不燃材料作隔热保护；使用额定功率超过 60W 的灯具时，灯具及镇流器不应直接安装在可燃物上。

第三十一条　严禁贴邻安全出口、疏散楼梯、疏散通道及燃气管线停放电动汽车、电动自行车，或对电动汽车、电动自行车充电。电动汽车充电装置应具备充电完成后自动断电的功能，并具备短路漏电保护装置，充电装置附近应配备必要的消防设施。

第三十二条　严禁在地下室、客房、餐厅内存放和使用瓶装液化石油气。不宜在厨房内存储液化石油气；确需放置在厨房时，每个灶具配置不得超过 1 瓶，钢瓶与灶具之间的距离不应小于 0.5m。存放和使用液化石油气钢瓶的房间应保持良好通风。

第三十三条　严禁超量灌装、敲打、倒置、碰撞液化石油气钢瓶，严禁随意倾倒残液和私自灌气。

第三十四条 严禁在客房内安装燃气热水器。

第三十五条 严禁在客房、餐厅内存放汽油、煤油、柴油、酒精等易燃、可燃液体。

第五章 施工现场消防安全管理

第三十六条 施工时应指定施工现场防火安全责任人，落实消防安全管理责任。

第三十七条 施工现场防火安全责任人在进场前应对施工人员进行消防安全教育培训。

培训内容应包括消防安全管理制度、防火技术方案、灭火及应急疏散预案，施工现场消防设施使用、维护方法，扑救火灾及自救逃生的知识和技能，报警程序和方法等。

第三十八条 施工现场室外临时存放的材料应分类成垛堆放，垛与垛间距不应小于 2m，并应采用不燃或难燃材料覆盖。应及时清理施工现场产生的可燃、易燃建筑垃圾或剩料。

在室内使用油漆等易挥发产生易燃气体时，应保持通风、严禁明火、采用防静电措施。

第三十九条 施工现场存在以下情形之一时，严禁动火作业：

1. 防火安全责任人不明确；

2. 周围的可燃易燃杂物未清除；

3. 附近固定可燃物未采取防护措施；

4. 盛装易燃液体的容器、管道，未清洗彻底；

5. 受热膨胀、变形或破损的容器、管道，有爆炸危险；

6. 储存易燃易爆物品的场所，未排除火灾爆炸危险；

7. 高空焊接或焊割前，附近及下方可燃物未清理或未采取保护措施；

8. 未配备相应灭火器材。

第四十条 施工现场动火作业时，应做到以下要求：

1. 明确防火安全责任人；

2. 动火人员应严格执行安全操作规程；

3. 发现有火灾危险，应立即停止动火；

4. 风力达到五级及以上时，应停止室外动火作业；

5. 发生火灾爆炸事故时，应及时扑救并疏散人员。

第四十一条 施工现场动火作业后，应彻底清理现场火种，确保完全熄灭，施工人员应留守现场至少30分钟。

第四十二条 施工中，严禁使用绝缘老化或失去绝缘性能的电气线路，并应及时更换破损、烧焦的插座、插头。60W以下的普通灯具距可燃物不应小于0.3m，高热灯具距可燃物不应小于0.5m。严禁私自改装现场供用电设施。

第四十三条 施工现场的防火安全责任人应定期组织防火检查，重点检查可燃物、易燃易爆危险品的管理措施是否落实、动用明火时的防火措施是否落实、用火用电用气是否存在违章操作、电气焊及保温防水施工是否执行操作规程、临时消防设施是否完好有效、临时消防车道及临时疏散设施是否畅通等内容。

施工现场应做好临时消防设施和疏散设施日常维护工作，及时维修和更换失效、损坏的消防设施。

第四十四条 在施工现场的重点防火部位或区域，应设置消防安全警示标志。施工现场严禁吸烟。

第六章　消防安全职责

第四十五条　乡镇人民政府、公安派出所、村民委员会、农民合作组、农家乐（民宿）行业协会应加强防火检查和消防安全网格化管理，制定防火公约，组织开展群众性的消防安全宣传教育。

第四十六条　农家乐（民宿）的业主（或负责人）是消防安全责任人，应履行下列消防安全职责：

1. 建立健全防火责任制和消防安全制度；

2. 配齐并维护保养消防设施、器材；

3. 组织开展防火检查，整改火灾隐患；

4. 每年对从业人员进行消防安全教育培训；

5. 制定灭火和疏散预案，每半年至少组织一次消防演练；

6. 及时报火警，组织引导人员疏散，组织扑救初期火灾。

第四十七条　农家乐（民宿）的从业人员应熟悉岗位消防职责和要求，做到"一懂三会"（一懂：懂本场所火灾危害性；三会：会报火警、会使用灭火器、会组织疏散逃生）。

第四十八条　村民委员会或经营管理农家乐（民宿）的行业协会应建立志愿消防队。有条件的地区，应根据需要建立专职消防队。

志愿消防队应有固定场所，配备消防车、手抬机动泵、吸水管、水枪、水带、灭火器、破拆工具等消防装备，设置火警电话和值班人员，有志愿消防队员。志愿消防队应组织队员每月开展不少于2次消防技能训练、1次消防业务学习。

消防产品监督管理规定

中华人民共和国公安部
国家工商行政管理总局
国家质量监督检验检疫总局令
第 122 号

《消防产品监督管理规定》已经 2012 年 4 月 10 日公安部部长办公会议通过，并经国家工商行政管理总局、国家质量监督检验检疫总局同意，现予发布，自2013 年 1 月 1 日起施行。

公安部部长
国家工商行政管理总局局长
国家质量监督检验检疫总局局长
2012 年 8 月 13 日

第一章　总　则

第一条　为了加强消防产品监督管理，提高消防产品质量，依据《中华人民共和国消防法》、《中华人民共和国产品质量法》、《中华人民共和国认证认可条例》等有关法律、行政法规，制定本规定。

第二条 在中华人民共和国境内生产、销售、使用消防产品，以及对消防产品质量实施监督管理，适用本规定。

本规定所称消防产品是指专门用于火灾预防、灭火救援和火灾防护、避难、逃生的产品。

第三条 消防产品必须符合国家标准；没有国家标准的，必须符合行业标准。未制定国家标准、行业标准的，应当符合消防安全要求，并符合保障人体健康、人身财产安全的要求和企业标准。

第四条 国家质量监督检验检疫总局、国家工商行政管理总局和公安部按照各自职责对生产、流通和使用领域的消防产品质量实施监督管理。

县级以上地方质量监督部门、工商行政管理部门和公安机关消防机构按照各自职责对本行政区域内生产、流通和使用领域的消防产品质量实施监督管理。

第二章 市场准入

第五条 依法实行强制性产品认证的消防产品，由具有法定资质的认证机构按照国家标准、行业标准的强制性要求认证合格后，方可生产、销售、使用。

消防产品认证机构应当将消防产品强制性认证有关信息报国家认证认可监督管理委员会和公安部消防局。

实行强制性产品认证的消防产品目录由国家质量监督检验

检疫总局、国家认证认可监督管理委员会会同公安部制定并公布，消防产品认证基本规范、认证规则由国家认证认可监督管理委员会制定并公布。

第六条 国家认证认可监督管理委员会应当按照《中华人民共和国认证认可条例》的有关规定，经评审并征求公安部消防局意见后，指定从事消防产品强制性产品认证活动的机构以及与认证有关的检查机构、实验室，并向社会公布。

第七条 消防产品认证机构及其工作人员应当按照有关规定从事认证活动，客观公正地出具认证结论，对认证结果负责。不得增加、减少、遗漏或者变更认证基本规范、认证规则规定的程序。

第八条 从事消防产品强制性产品认证活动的检查机构、实验室及其工作人员，应当确保检查、检测结果真实、准确，并对检查、检测结论负责。

第九条 新研制的尚未制定国家标准、行业标准的消防产品，经消防产品技术鉴定机构技术鉴定符合消防安全要求的，方可生产、销售、使用。消防安全要求由公安部制定。

消防产品技术鉴定机构应当具备国家认证认可监督管理委员会依法认定的向社会出具具有证明作用的数据和结果的消防产品实验室资格或者从事消防产品合格评定活动的认证机构资格。消防产品技术鉴定机构名录由公安部公布。

公安机关消防机构和认证认可监督管理部门按照各自职责对消防产品技术鉴定机构进行监督。

公安部会同国家认证认可监督管理委员会参照消防产品认证机构和实验室管理工作规则，制定消防产品技术鉴定工作程序和规范。

第十条 消防产品技术鉴定应当遵守以下程序：

（一）委托人向消防产品技术鉴定机构提出书面委托，并提供有关文件资料；

（二）消防产品技术鉴定机构依照有关规定对文件资料进行审核；

（三）文件资料经审核符合要求的，消防产品技术鉴定机构按照消防安全要求和有关规定，组织实施消防产品型式检验和工厂检查；

（四）经鉴定认为消防产品符合消防安全要求的，技术鉴定机构应当在接受委托之日起九十日内颁发消防产品技术鉴定证书，并将消防产品有关信息报公安部消防局；认为不符合消防安全要求的，应当书面通知委托人，并说明理由。

消防产品检验时间不计入技术鉴定时限。

第十一条 消防产品技术鉴定机构及其工作人员应当按照有关规定开展技术鉴定工作，对技术鉴定结果负责。

第十二条 消防产品技术鉴定证书有效期为三年。

有效期届满，生产者需要继续生产消防产品的，应当在有效期届满前的六个月内，依照本规定第十条的规定，重新申请消防产品技术鉴定证书。

第十三条 在消防产品技术鉴定证书有效期内，消防产品的生产条件、检验手段、生产技术或者工艺发生变化，对性能产生重大影响的，生产者应当重新委托消防产品技术鉴定。

第十四条 在消防产品技术鉴定证书有效期内，相关消防产品的国家标准、行业标准颁布施行的，生产者应当保证生产的消防产品符合国家标准、行业标准。

前款规定的消防产品被列入强制性产品认证目录的，应当按照本规定实施强制性产品认证。未列入强制性产品认证目录的，在技术鉴定证书有效期届满后，不再实行技术鉴定。

第十五条 消防产品技术鉴定机构应当对其鉴定合格的产品实施有效的跟踪调查，鉴定合格的产品不能持续符合技术鉴定要求的，技术鉴定机构应当暂停其使用直至撤销鉴定证书，并予公布。

第十六条 经强制性产品认证合格或者技术鉴定合格的消防产品，公安部消防局应当予以公布。

第三章 产品质量责任和义务

第十七条 消防产品生产者应当对其生产的消防产品质量负责，建立有效的质量管理体系，保持消防产品的生产条件，保证产品质量、标志、标识符合相关法律法规和标准要求。不得生产应当获得而未获得市场准入资格的消防产品、不合格的消防产品或者国家明令淘汰的消防产品。

消防产品生产者应当建立消防产品销售流向登记制度，如实记录产品名称、批次、规格、数量、销售去向等内容。

第十八条 消防产品销售者应当建立并执行进货检查验收制度，验明产品合格证明和其他标识，不得销售应当获得而未获得市场准入资格的消防产品、不合格的消防产品或者国家明令淘汰的消防产品。

销售者应当采取措施，保持销售产品的质量。

第十九条 消防产品使用者应当查验产品合格证明、产品标识和有关证书，选用符合市场准入的、合格的消防产品。

建设工程设计单位在设计中选用的消防产品，应当注明产品规格、性能等技术指标，其质量要求应当符合国家标准、行业标准。当需要选用尚未制定国家标准、行业标准的消防产品时，应当选用经技术鉴定合格的消防产品。

建设工程施工企业应当按照工程设计要求、施工技术标准、合同的约定和消防产品有关技术标准，对进场的消防产品进行现场检查或者检验，如实记录进货来源、名称、批次、规格、数量等内容；现场检查或者检验不合格的，不得安装。现场检查记录或者检验报告应当存档备查。建设工程施工企业应当建立安装质量管理制度，严格执行有关标准、施工规范和相关要求，保证消防产品的安装质量。

工程监理单位应当依照法律、行政法规及有关技术标准、设计文件和建设工程承包合同对建设工程使用的消防产品的质量及其安装质量实施监督。

机关、团体、企业、事业等单位应当按照国家标准、行业标准定期组织对消防设施、器材进行维修保养，确保完好有效。

第四章 监督检查

第二十条 质量监督部门、工商行政管理部门依据《中华人民共和国产品质量法》以及相关规定对生产领域、流通领域的消防产品质量进行监督检查。

第二十一条 公安机关消防机构对使用领域的消防产品质量进行监督检查，实行日常监督检查和监督抽查相结合的方式。

第二十二条 公安机关消防机构在消防监督检查和建设工程消防监督管理工作中，对使用领域的消防产品质量进行日常监督检查，按照公安部《消防监督检查规定》、《建设工程消防监督管理规定》执行。

第二十三条 公安机关消防机构对使用领域的消防产品质量进行专项监督抽查，由省级以上公安机关消防机构制定监督抽查计划，由县级以上地方公安机关消防机构具体实施。

第二十四条 公安机关消防机构对使用领域的消防产品质量进行监督抽查，应当检查下列内容：

（一）列入强制性产品认证目录的消防产品是否具备强制性产品认证证书，新研制的尚未制定国家标准、行业标准的消防产品是否具备技术鉴定证书；

（二）按照强制性国家标准或者行业标准的规定，应当进行型式检验和出厂检验的消防产品，是否具备型式检验合格和出厂检验合格的证明文件；

（三）消防产品的外观标志、规格型号、结构部件、材料、性能参数、生产厂名、厂址与产地等是否符合有关规定；

（四）消防产品的关键性能是否符合消防产品现场检查判定规则的要求；

（五）法律、行政法规规定的其他内容。

第二十五条 公安机关消防机构实施消防产品质量监督抽查时，检查人员不得少于两人，并应当出示执法身份证件。

实施消防产品质量监督抽查应当填写检查记录，由检查人员、被检查单位管理人员签名；被检查单位管理人员对检查记录有异议或者拒绝签名的，检查人员应当在检查记录中注明。

第二十六条 公安机关消防机构应当根据本规定和消防产品现场检查判定规则，实施现场检查判定。对现场检查判定为不合格的，应当在三日内将判定结论送达被检查人。被检查人对消防产品现场检查判定结论有异议的，公安机关消防机构应当在五日内依照有关规定将样品送符合法定条件的产品质量检验机构进行监督检验，并自收到检验结果之日起三日内，将检验结果告知被检查人。

检验抽取的样品由被检查人无偿供给，其数量不得超过检验的合理需要。检验费用在规定经费中列支，不得向被检查人收取。

第二十七条 被检查人对公安机关消防机构抽样送检的产品检验结果有异议的，可以自收到检验结果之日起五日内向实施监督检查的公安机关消防机构提出书面复检申请。

公安机关消防机构受理复检申请，应当当场出具受理凭证。

公安机关消防机构受理复检申请后，应当在五日内将备用样品送检，自收到复检结果之日起三日内，将复检结果告知申请人。

复检申请以一次为限。复检合格的，费用列入监督抽查经费；不合格的，费用由申请人承担。

第二十八条 质量监督部门、工商行政管理部门接到对消防产品质量问题的举报投诉，应当按职责及时依法处理。对不属于本部门职责范围的，应当及时移交或者书面通报有关部门。

公安机关消防机构接到对消防产品质量问题的举报投诉，应当及时受理、登记，并按照公安部《公安机关办理行政案件程序规定》的相关规定和本规定中消防产品质量监督检查程序处理。

公安机关消防机构对举报投诉的消防产品质量问题进行核查后，对消防安全违法行为应当依法处理。核查、处理情况应当在三日内告知举报投诉人；无法告知的，应当在受理登记中注明。

第二十九条　公安机关消防机构发现使用依法应当获得市场准入资格而未获得准入资格的消防产品或者不合格的消防产品、国家明令淘汰的消防产品等使用领域消防产品质量违法行为，应当依法责令限期改正。

公安机关消防机构应当在收到当事人复查申请或者责令限期改正期限届满之日起三日内进行复查。复查应当填写记录。

第三十条　公安机关消防机构对发现的使用领域消防产品质量违法行为，应当依法查处，并及时将有关情况书面通报同级质量监督部门、工商行政管理部门；质量监督部门、工商行政管理部门应当对生产者、销售者依法及时查处。

第三十一条　质量监督部门、工商行政管理部门和公安机关消防机构应当按照有关规定，向社会公布消防产品质量监督检查情况、重大消防产品质量违法行为的行政处罚情况等信息。

第三十二条　任何单位和个人在接受质量监督部门、工商行政管理部门和公安机关消防机构依法开展的消防产品质量监督检查时，应当如实提供有关情况和资料。

任何单位和个人不得擅自转移、变卖、隐匿或者损毁被采取强制措施的物品，不得拒绝依法进行的监督检查。

第五章　法律责任

第三十三条　生产、销售不合格的消防产品或者国家明令淘汰的消防产品的，由质量监督部门或者工商行政管理部门依照《中华人民共和国产品质量法》的规定从重处罚。

第三十四条　有下列情形之一的，由公安机关消防机构责令改正，依照《中华人民共和国消防法》第五十九条处罚：

（一）建设单位要求建设工程施工企业使用不符合市场准入的消防产品、不合格的消防产品或者国家明令淘汰的消防产品的；

（二）建设工程设计单位选用不符合市场准入的消防产品，或者国家明令淘汰的消防产品进行消防设计的；

（三）建设工程施工企业安装不符合市场准入的消防产品、不合格的消防产品或者国家明令淘汰的消防产品的；

（四）工程监理单位与建设单位或者建设工程施工企业串通，弄虚作假，安装、使用不符合市场准入的消防产品、不合格的消防产品或者国家明令淘汰的消防产品的。

第三十五条　消防产品技术鉴定机构出具虚假文件的，由公安机关消防机构责令改正，依照《中华人民共和国消防法》第六十九条处罚。

第三十六条　人员密集场所使用不符合市场准入的消防产品的，由公安机关消防机构责令限期改正；逾期不改正的，依照《中华人民共和国消防法》第六十五条第二款处罚。

非人员密集场所使用不符合市场准入的消防产品、不合格的消防产品或者国家明令淘汰的消防产品的，由公安机关消防机构责令限期改正；逾期不改正的，对非经营性场所处五百元以上一千元以下罚款，对经营性场所处五千元以上一万元以下罚款，并对直接负责的主管人员和其他直接责任人员处五百元以下罚款。

第三十七条　公安机关消防机构及其工作人员进行消防产品监督执法，应当严格遵守廉政规定，坚持公正、文明执法，自觉接受单位和公民的监督。

公安机关及其工作人员不得指定消防产品的品牌、销售单位，不得参与或者干预建设工程消防产品的招投标活动，不得接受被检查单位、个人的财物或者其他不正当利益。

第三十八条 质量监督部门、工商行政管理部门、公安机关消防机构工作人员在消防产品监督管理中滥用职权、玩忽职守、徇私舞弊的，依法给予处分。

第三十九条 违反本规定，构成犯罪的，依法追究刑事责任。

第六章 附 则

第四十条 消防产品目录由公安部消防局制定并公布。

第四十一条 消防产品进出口检验监管，由出入境检验检疫部门按照有关规定执行。

消防产品属于《中华人民共和国特种设备安全监察条例》规定的特种设备的，还应当遵守特种设备安全监察有关规定。

第四十二条 本规定中的"三日"、"五日"是指工作日，不含法定节假日。

第四十三条 公安机关消防机构执行本规定所需要的法律文书式样，由公安部制定。

第四十四条 本规定自 2013 年 1 月 1 日起施行。

附　录

公安消防队消防器材装备管理规定

公安部关于颁发
《公安消防队消防器材装备管理规定》的通知

各省、市、自治区公安厅、局：

为了加强公安消防队消防器材装备的管理、保养工作，适应保卫四化建设的需要，经征求有关部门和各地意见，对一九六三年颁发试行的《公安消防队器材装备管理暂行规定》作了修改补充。现将修改后的《公安消防队消防器材装备管理规定》发给你们，请认真贯彻执行。

中华人民共和国公安部
1981 年 6 月 1 日

一、为了加强公安消防队消防器材装备的管理、维修和保养工作，使其经常保持完整好用，随时处于战备状态，适应扑救火灾的需要，特制定本规定。

二、公安消防队的消防器材装备包括：消防车辆、消防船艇、机动泵浦、通讯设备、防毒面具、灭火器材、灭火药剂、战斗服装等。上述器材装备的管理、保养工作，必须列入公安消防队的工作计划，并认真组织实施。

三、消防器材装备是公安消防队进行灭火战斗的重要武器，不得用于非消防方面。对于擅自将消防车辆、器材挪作它用的人，必须严肃处理，轻者批评教育，情节恶劣、造成不良后果的，要追究行政或法律责任。

四、对消防器材装备必须统一登记，逐级负责，专人保管，严格执行各项管理制度。

（一）登记、清查制度：

1. 建立大队（或支、总队）器材装备登记册，由大队（或支、总队）指定专人负责，每年对所有器材装备进行一次清查。

2. 建立中队器材装备登记册，由中队指定专人负责，每半年对全队器材装备进行一次清查。

3. 建立库存器材装备登记册，由库房管理员负责，每三个月对库存器材装备进行一次清查。

4. 建立随车器材登记表，由班长负责，在调班时或从火场返队前，组织全班战士对各自分工管理的器材进行清查。

清查中发现器材装备丢失或损坏，应即登记造册，查明原因，上报处理。

（二）使用、保管制度：

1. 消防车辆应由大队（或支、总队）统一标号，并停放于防雨、防晒和防冻保温的车库内。

2. 水带、水枪、分水器、消防梯等随车器材，应由中队统一标号，并牢固地放在规定的位置上。

3. 战斗服、消防靴、头盔、安全带等个人装备，要标明使用人的队别和代号，并叠放在指定地点。干警调动、退伍时一律收回不得带走。

4. 各种库存的器材装备应分类储存，不得混杂堆放。消防梯、水枪、分水器和泡沫灭火器材等，要定期擦拭上油；水带、安全带、战斗服、消防靴和灭火药剂等，要经常检查或晾晒。

五、对于各种消防车辆，必须进行下列保养：

1. 例行保养。每日调班前和每次出动后，必须进行以检查、清洁为中心的例行保养。主要内容是：清洁全车，检查发动机、泵浦、电气设备、控制仪表、泡沫混合器，以及方向盘、制动器、轮胎、灯光、喇叭、雨刷等是否正常，油、水、电、气和灭火药剂是否充足，随车器材是否丢损和放置牢固。发现问题，应及时解决，以保证消防车随时出动。

2. 一级保养。每隔三个月，或每次出动连续工作超过四小时以后，必须进行以润滑、紧固为中心的一级保养。主要内容是：除执行例行保养的全部作业外，要检查、紧固外露部位的螺栓、螺母；检查、添注各总成润滑油，润滑各个润滑点，清洗空气滤清器等，以减少各活动结合部位的机械磨损，延长机械寿命。

3. 二级保养。每隔六个月，必须进行一次以检查调整为中心的二级保养。主要内容是：除执行一级保养的全部作业外，要对发动机、电气设备、制动、转向机构和离合器等进行检查调整，清洗机油盘和机油滤清器。按实际需要进行轮胎换位，并检查调整其他总成，以保证消防车各部机械完好，灵敏有效。

4. 三级保养。由大队（或支、总队）根据车辆的实际情况和现有的技术力量统一安排，进行以总成解体、消除隐患为中心的三级保养。主要内容是：除执行二级保养的全部作业外，要拆洗检验发动机、泵浦和泡沫混合器，清除积炭、结胶和污垢；拆检调整变速器、传动轴、后桥、前轴，以及转向、制动等机构；检查车架、车身，必要时进行喷漆，以延长消防车的使用年限。

5. 初驶保养。凡新车和大修车，在参加执勤备战之前，必须进行初驶保养。主要内容是：对全车进行检查、清洁、调整、紧固和润滑，限速行驶一千公里，使各部机械磨合均匀，避免剧烈损伤。

6. 停驶保养。对准备入库存放一周以上的消防车，必须进行停驶保养。主要内容是：排除汽缸余气，放尽车内存水，并对全车进行清洁润滑、涂油防锈、解除负荷、密封孔口，必要时进行喷漆，以防各部机械腐蚀受损。

对随车器材的保养，应结合消防车辆的保养工作一道进行。

六、对于新购领的消防器材装备，应根据国家或企业规定的产品质量标准进行严格检验，检验合格后方可使用或入库备用。

对于正在执勤和备用的消防车辆和随车器材应根据《消防车辆和随车器材技术状态良好的主要标准》进行定期检验。每年"五一"、"十一"前，中队应对本队车辆和随车器材普检一次；每年年终，大队（或支、总队）应对各中队车辆和随车器材普检一次，平时还应组织不定期的抽检。

对于检验不合格的消防车辆和随车器材，应及时修复。不能修复的，办理报废手续。

七、对于消防车辆、消防船艇、机动泵浦、通讯设备和防毒面具等重要器材装备，应固定专人负责管理、保养和使用。要建立管理使用档案，对其出厂年月、技术数据、使用情况、机械故障、维修保养、性能变化、主要问题、报废日期等，进行详细登记。以便综合研究，不断改进管理、保养工作。

八、对于消防器材装备的管理，必须严格实行责任制。

1. 大（支、总）队长负责督促检查各中队做好器材装备的管理、保养工作；

2. 中队长负责具体组织做好本中队器材装备的管理、保养工作；

3. 班长负责经常检查本班执勤车辆、随车器材和个人装备的管理、保养情况；

4. 驾驶员负责做好消防车辆的管理、保养工作；

5. 通讯员负责做好通讯设备的管理、保养工作；

6. 战斗员负责管好各自分工的随车器材和个人装备；

7. 仓库管理员负责管好全部库存器材装备，并做到账物相符。

九、对消防器材装备管得好的单位和个人，应结合检查评比，进行表扬奖励，成绩显著者予以记功。如因管理不善、保养不好和违反操作规程而发生丢失、损坏和人身伤亡等事故，应及时查明原因和责任，严肃处理。

十、公安消防队各级负责人应经常教育干警加强战备观念，养成爱护器材装备的良好习惯，自觉遵守各项管理制度，提高工作责任心，切实做好消防器材装备的管理工作。

附录：消防车辆和随车器材技术状态良好的主要标准

一、车容整洁、后视镜和五盖（汽油箱、水箱、加注机油口、电瓶、轮胎气门）齐全，门窗开关自如，各部连接紧固可靠，无漏气、漏油、漏水、漏电现象。

二、发动机起动容易，机油压力和温度正常，高、中、低速运转均匀、稳妥，动力性能和加速性能良好，无异常响声。

三、离合器分离彻底，结合平稳、可靠，无异常响声。

四、转向装置调整适当，操纵轻便、灵活、可靠。

五、手、脚制动调整适当，反映灵敏，作用良好，制动距离符合要求。

六、各齿轮箱和传动机件无异常响声，无过热现象，工作可靠。

七、各种仪表、照明、信号、雨刷齐全，性能良好，全车线路整齐，连接、固定牢靠。

八、空气滤清器、机油粗、细滤清器和汽油滤清器清洁完好。

九、全车各润滑点润滑充分。

十、轮胎装配合理，气压正常。

十一、蓄电池清洁完整，固定牢靠，电解液比重和液面高度适当。

十二、钢板弹簧和减震器性能良好。

十三、底盘各部调整适宜，车辆滑行性能良好。

十四、泵浦、云梯、泡沫混合器等固定灭火设备性能良好，各操纵机构灵活可靠。

十五、随车灭火器材和药剂齐全无损，性能良好，固定牢靠。

十六、维修保养工具及附件齐备完好。

企业消防设施、器材管理制度

（本文为参考资料）

一、消防器材是指灭火器、干沙箱、防毒面具等器材。消防设施是指建筑物内的火灾自动报警系统、自动喷水灭火系统、水幕系统、防火门、防火卷帘、室内消火栓、室外消火栓、高位水箱、水泵接合器、警铃等固定设施。消防安全标志是指与消防有关的文字、图案等。

二、消防器材和消防设施是扑救各类火灾的先决条件和战斗武器，要求全体员工都要爱护消防器材、消防设施和安全标志。

三、非火灾情况下，任何部门和个人都不准使用、试用和玩耍消防器材、消防设施和安全标示。特殊情况确需使用时，需经消防管理部门许可。

四、严禁占用消防通道，堵塞安全出口；严禁圈占、堵塞消火栓、灭火器等消防器材和消防设施，保证通道出口畅通，消防器材处于随时可用状态。

五、严禁擅自挪用、拆除、停用消防设施和器材，对破坏消防设施、器材和标示的行为予以严肃处理，造成严重后果的送交公安部门处理，并号召全体员工检举破坏消防器材、设施和标示的行为。

六、按有关规范配备消防器材和消防设施。

七、由专职人员对消防器材和消防设施的使用情况进行日常巡检，按照消防器材和消防设施的性能要求，每日、每月或每年进行一次检查，对达不到标准的消防器材和消防设施及时更换或维修。

八、消防设施的维护管理：

（一）火灾自动报警系统的定期检查

1. 每日检查

每日应检查集中报警控制器和区域报警控制器的功能是否正常。检查方法：有自检、巡检功能的，可通过扳动自检、巡检开关来检查其功能是否正常。没有自检、巡检功能的，也可采用给一只探测器加烟（或加温）的方法使探测器报警，来检查集中报警控制器或区域报警控制器的功能是否正常。同时检查复位、消音、故障报警的功能是否正常。如发现不正常，应在日登记表中记录并及时处理。

2. 季度试验和检查

每季度对火灾自动报警系统的功能应作下列试验和检查：

（1）按生产厂家说明书的要求，用专用加烟（或加温）等试验器分期分批试验探测器的动作是否正常，确认灯显示是否清晰。试验中发现有故障或失效的探测器应及时拆换。

（2）检验火灾自动报警装置的声、光显示是否正常。在实际操作试验时，可一次全部进行试验，也可部分进行试验。但试验前一定要做好妥善安排，以防止不应有的恐慌或混乱。

（3）自动喷水系统管网上的水流指示器、压力开关等是电动报警装置，应试验他们的报警功能、信号显示是否正常。

（4）对备用电源进行1~2次充放电试验，1~3次主电源和备用电源自动转换试验，检查其功能是否正常。具体试验方法：切断主电源，看是否自动转换到备用电源供电，备用电源指示灯是否亮灯，4小时后，再恢复主电源供电，看是否自动转换，再检查一下备用电源是否正常充电。

（5）有联动控制功能的系统，应用自动或手动检查消防控制设备的控制显示功能是否正常。

（6）强制消防电梯停于首层试验。如条件许可，客梯和货梯也易切除外选，接通内选，进行一次强制电梯停首层试验。

（7）消防通信设备应进行消防控制室与所设置的所有对讲电话通话试验，电话插孔通话试验，通话应畅通，语音应清楚。

（8）检查所有的手动、自动转换开关，如电源转换开关、灭火转换开关、防排烟、防火门、防火卷帘门转换开关、警报转换开关、应急照明转换开关等是否正常。

（9）进行强切非消防电源功能试验。

（10）检查备品备件、专用工具及加烟、加温试验器等是否齐备，并处于安全无损和适当保护状态。

（11）直观检查所有消防用电设备的动力线、控制线、报警信号传输线、接地线、接线盒及设备等是否处于安全无损状态。

（12）巡视检查探测器、手动报警按钮和指示装置的位置是否准确，有无缺漏、脱落和丢失，每个探测器的下方及周围各方向，手动报警按钮的周围是否留出规定的空白空间。

（13）可燃气体探测器应按生产厂家说明书的要求进行试验和检查。

3. 年度检查试验

每年对火灾自动报警系统的功能应作全面检查试验，并填写年检登记表。

（二）自动喷水灭火系统的定期检查

1. 日常检查

系统在使用中，应每日定期进行检查，检查内容包括：

（1）水源的水量和水压。

（2）消防泵动力。消防水泵应每天运转一次。若采用自动控制时，应模拟自动控制参数进行启动运转，每次运转易为 5分钟。

（3）报警阀各部件的工作状态。每天巡检一切供水总控制阀、报警控制阀及配件，进行外观检查，保证系统处于无故障状态。

（4）自动充气装置的工作状态（如气压水罐、增压水灌）。

2. 定期检查

除日常检查时，应每月对系统进行一次定期检查

（1）喷头。每月检查一次喷头外观，喷头外表应清洁，尤其是感温元件部分，对轻质粉尘可用空气吹除或用软布擦净；对含有污垢的喷头应将其分批拆换，集中清理，但不能用酸碱溶液或热水洗擦。

（2）报警阀。每月检查一次室外阀门井中的控制阀，保证阀门处于开启状态。对报警阀进行开阀检验，观察阀门开启性能和密封性能，以及水力警铃、延迟器的性能。此试验可通过末端装置进行。如发现阀门开启不通畅或密封不严，可拆开阀门检查，视情况调换阀瓣密封件。对安装的压力表要定期检验。

（3）管路。检查系统管路有无腐蚀渗漏，湿式系统管路内的水应定期排空、冲洗。对水雾系统管路中的过滤装置应定期清扫。如发现管路中有沉积物，应进行冲洗。

（4）水源。每月检查一次贮存消防用水的水池、消防水箱，核对水位以及消防水不被他用的技术措施，发现故障，及时进行修理。检查消防泵的启动、吸水、流量和扬程，利用报警控制阀旁的泄放实验阀进行一次供水试验，验证系统供水能力。

（5）每月检查一次水泵接合器的接口及其部件，保证接口完好、无渗漏、有闷盖。

（6）每月对水流指示器试验一次，利用末端装置实验阀排水，检查其能否及时报警。

（7）检查火灾探测报警装置和压力开关、水流指示器的工作状态。如发现故障及时调换或检修。

3. 年度检查

（1）每两年对储水设备应维修一次，进行修补和重新油漆。

（2）每两年对消防水泵应解体维修一次。

（3）自动喷水系统每年应进行一次可靠性评价，并对施工验收、日常管理维护、修理情况进行总结。

（三）二氧化碳灭火系统的定期检查

要使二氧化碳灭火系统保持良好的状态，在发生火灾时能够迅速有效地投入使用，必须根据规定的使用要求进行常规检查和定期检查、保养。

1. 常规检查

公司必须配有经过专门培训的专职或兼职人员负责对灭火系统进行常规检查。常规检查每周进行一次。

（1）检查贮气瓶组室内清洁卫生状况，是否有潮湿或阳光直射的现象。冬季和夏季应检查室内温度是否符合规定。

（2）检查起动瓶上的压力表指针是否处于正常位置。发现异常应按下列方法检查：如起动瓶内贮氮气，每年内部压力降低值不得大于其200℃时额定充装压力的10%；若起动瓶内贮二氧化碳，每年泄漏量不得大与其额定充装量的5%。

（3）检查管道系统有无松脱、损坏和严重腐蚀。

（4）检查阀门和检测控制器等零部件是否完好无损，全部旋钮、开关是否调定到正常位置。

（5）检查电源指示灯是否常亮，备用电源是否可靠。

（6）检查保护区，特别是火灾探测器和喷嘴的清洁卫生状况，喷嘴是否畅通。如装有罩膜的，其罩膜是否完好。

2. 定期检查保养

公司与制造单位或施工安装单位应签定期维修合同。灭火系统应每年至少检修一次，自动检测报警系统每半年至少检查一次。

（四）室内消火拴系统定期检查

室内消火拴箱应经常保持清洁、干燥，防止锈蚀、碰伤和其他损坏。每半年至少进行一次全面检查维修。检查要求为：

（1）消火拴和消防卷盘供水闸阀不应有渗漏现象。

（2）消防水枪、水带、消防卷盘及全部附件应齐全良好，卷盘转动灵活。

（3）报警按钮、指示灯及控制线路功能正常，无故障。

（4）消火拴箱及箱内配装的消防部件的外观无破损、涂层无脱落，箱门玻璃完好无缺。

（5）消火拴、供水阀门及消防卷盘等所有转动部位应定期加注润滑油。

（五）消防安全疏散设施的定期检查

消防安全疏散设施包括疏散通道、安全出口、疏散楼梯、防火门、防火卷帘门、疏散指示、应急照明灯具等设施。应按照有关规范配备相应数量的消防安全疏散设施，并建档管理。

1. 每日对安全疏散设施进行巡查，发现有以下问题之一的，应立即整改。

（1）占用疏散通道。

（2）堵塞安全出口。

（3）锁闭疏散门。

（4）在疏散楼梯上堆放物品。

（5）破坏、覆盖、挪用疏散指示标示、应急照明灯具。

2. 每月对疏散指示和应急照明灯具的性能进行检测，发现故障及时更换或维修。

3. 每月对防火卷帘门和防火门的开启情况进行检查，发现开启不灵活、闭门器损坏等故障及时维修。

4. 每月进行一次电源切换试验，以检测疏散指示和应急照明的完好率，并根据实际情况进行调整。

（六）灭火器材的定期检查

每日应对灭火器进行检查，确保其始终处于完好状态

1. 外观检查

（1）检查灭火器铅封是否完好。灭火器已经开启后即使喷出不多，也必须按规定要求再充装。充装后应作密封试验并牢固铅封。

（2）检查压力表指针是否在绿色区域，如指针在红色区域，应查明原因，检修后重新灌装。

（3）检查可见部位防腐层的完好程度，轻度脱落的应及时补好，明显腐蚀的应送消防专业维修部门进行耐压试验，合格者再进行防腐处理。

（4）检查灭火器可见零件是否完整；有无变形、松动、锈蚀（如压杆）和损坏，装配是否合理。

（5）检查喷嘴是否通畅，如有堵塞应及时疏通。

2. 定期检查

（1）每半年应对灭火器的重量和压力进行一次彻底检查，

并应及时充填。

（2）对干粉灭火器每年检查一次出粉管、进气管、喷管、喷嘴和喷枪等部分有无干粉堵塞，出粉管防潮堵、膜是否破裂。筒体内干粉是否结块。

（3）灭火器应进行水压试验，一般5年一次。化学泡沫灭火器充装灭火剂两年后，每年一次。加压试验合格方可继续使用，并标注检查日期。

（4）检查灭火器放置环境及放置位置是否符合设计要求，灭火器的保护措施是否正常。

建筑灭火器配置验收及检查规范

关于发布国家标准
《建筑灭火器配置验收及检查规范》的公告
第 97 号

现批准《建筑灭火器配置验收及检查规范》为国家标准，编号为 GB50444-2008，自 2008 年 11 月 1 日起实施。其中，第 2.2.1、3.1.3、3.1.5、3.2.2、4.1.1、4.2.1、4.2.2、4.2.3、4.2.4、5.3.2、5.4.1、5.4.2、5.4.3、5.4.4 条为强制性条文，必须严格执行。

本规范由我部标准定额研究所组织中国标准出版社出版发行。

中华人民共和国住房和城乡建设部

二〇〇八年八月十三日

1 总 则

1.0.1 为保障建筑灭火器（以下简称灭火器）的合理安装配置和安全使用，及时有效地扑灭初起火灾，减少火灾危害，保护人身和财产安全，制定本规范。

1.0.2 本规范适用于工业与民用建筑中灭火器的安装设置、验收、检查和维护。

本规范不适用于生产或储存炸药、弹药、火工品、花炮的厂房或库房。

1.0.3 灭火器的安装设置、验收、检查和维护,除执行本规范的规定外,尚应符合国家现行有关标准的规定。

2 基本规定

2.1 质量管理

2.1.1 灭火器安装设置前应具备下列条件:

1 建筑灭火器配置设计图、设计说明、材料表应齐全;

2 设计单位应向建设、施工、监理单位进行技术交底;

3 施工现场应满足灭火器安装设置的要求。

2.1.2 灭火器的配置类型、规格、数量及其设置位置应符合批准的工程设计文件和施工技术标准。修改设计应由设计单位出具设计变更通知单。

2.1.3 安装设置前应对灭火器、灭火器箱及其附件等进行进场质量检查,检查不合格不得进行安装设置。

2.2 材料、器材

2.2.1 灭火器的进场检查应符合下列要求:

1 灭火器应符合市场准入的规定,并应有出厂合格证和相关证书;

2 灭火器的铭牌、生产日期和维修日期等标志应齐全;

3 灭火器的类型、规格、灭火级别和数量应符合配置设计要求;

4 灭火器筒体应无明显缺陷和机械损伤;

5 灭火器的保险装置应完好;

6 灭火器压力指示器的指针应在绿区范围内;

7 推车式灭火器的行驶机构应完好。

检查数量：全数检查。

检查办法：观察检查，资料检查。

2.2.2 灭火器箱的进场检查应符合下列要求：

1 灭火器箱应有出厂合格证和型式检验报告；

2 灭火器箱外观应无明显缺陷和机械损伤；

3 灭火器箱应开启灵活。

检查数量：全数检查。

检查办法：观察检查，资料检查。

2.2.3 设置灭火器的挂钩、托架应符合配置设计要求，无明显缺陷和机械损伤，并应有出厂合格证。

检查数量：全数检查。

检查办法：观察检查，资料检查。

2.2.4 发光指示标志应无明显缺陷和损伤，并应有出厂合格证和型式检验报告。

检查数量：全数检查。

检查办法：观察检查，资料检查。

3 安装设置

3.1 一般规定

3.1.1 灭火器的安装设置应包括灭火器、灭火器箱、挂钩、托架和发光指示标志等的安装。

3.1.2 灭火器的安装设置应按照建筑灭火器配置设计图和安装说明进行，安装设置单位应按照本规范附录 A 的规定编制建筑灭火器配置定位编码表。

3.1.3 灭火器的安装设置应便于取用，且不得影响安全疏散。

3.1.4 灭火器的安装设置应稳固，灭火器的铭牌应朝外，灭火器的器头宜向上。

3.1.5 灭火器设置点的环境温度不得超出灭火器的使用温度范围。

3.2 手提式灭火器的安装设置

3.2.1 手提式灭火器宜设置在灭火器箱内或挂钩、托架上。对于环境干燥、洁净的场所，手提式灭火器可直接放置在地面上。

检查数量：全数检查。

检查方法：观察检查。

3.2.2 灭火器箱不应被遮挡、上锁或拴系。

检查数量：全数检查。

检查方法：观察检查。

3.2.3 灭火器箱的箱门开启应方便灵活，其箱门开启后不得阻挡人员安全疏散。除不影响灭火器取用和人员疏散的场合外，开门型灭火器箱的箱门开启角度不应小于175°，翻盖型灭火器箱的翻盖开启角度不应小于100°。

检查数量：全数检查。

检查方法：观察检查与实测。

3.2.4 挂钩、托架安装后应能承受一定的静载荷，不应出现松动、脱落、断裂和明显变形。

检查数量：随机抽查20%，但不少于3个；总数少于3个时，全数检查。

检查方法：以5倍的手提式灭火器的载荷悬挂于挂钩、托架上，作用5min，观察是否出现松动、脱落、断裂和明显变形等现象；当 5 倍的手提式灭火器质量小于 45kg 时，应按 45kg 进行检查。

3.2.5 挂钩、托架安装应符合下列要求：

1 应保证可用徒手的方式便捷地取用设置在挂钩、托架上的手提式灭火器；

2 当两具及两具以上的手提式灭火器相邻设置在挂钩、托架上时，应可任意地取用其中一具。

检查数量：随机抽查 20%，但不少于 3 个；总数少于 3 个时，全数检查。

检查方法：观察检查和实际操作。

3.2.6 设有夹持带的挂钩、托架，夹持带的打开方式应从正面可以看到。当夹持带打开时，灭火器不应掉落。

检查数量：随机抽查 20%，但不少于 3 个；总数少于 3 个时，全数检查。

检查方法：观察检查与实际操作。

3.2.7 嵌墙式灭火器箱及挂钩、托架的安装高度应满足手提式灭火器顶部离地面距离不大于 1.50m，底部离地面距离不小于 0.08m 的规定。

检查数量：随机抽查 20%，但不少于 3 个；总数少于 3 个时，全数检查。

检查方法：观察检查与实测。

3.3 推车式灭火器的设置

3.3.1 推车式灭火器宜设置在平坦场地，不得设置在台阶上。在没有外力作用下，推车式灭火器不得自行滑动。

检查数量：全数检查。

检查方法：观察检查。

3.3.2　推车式灭火器的设置和防止自行滑动的固定措施等均不得影响其操作使用和正常行驶移动。

检查数量：全数检查。

检查方法：观察检查。

3.4　其他

3.4.1　在有视线障碍的设置点安装设置灭火器时，应在醒目的地方设置指示灭火器位置的发光标志。

检查数量：全数检查。

检查方法：观察检查。

3.4.2　在灭火器箱的箱体正面和灭火器设置点附近的墙面上应设置指示灭火器位置的标志，并宜选用发光标志。

检查数量：全数检查。

检查方法：观察检查。

3.4.3　设置在室外的灭火器应采取防湿、防寒、防晒等相应保护措施。

检查数量：全数检查。

检查方法：观察检查。

3.4.4　当灭火器设置在潮湿性或腐蚀性的场所时，应采取防湿或防腐蚀措施。

检查数量：全数检查。

检查方法：观察检查。

4　配置验收

4.1　一般规定

4.1.1　灭火器安装设置后，必须进行配置验收，验收不合格不得投入使用。

4.1.2 灭火器配置验收应由建设单位组织设计、安装、监理等单位按照建筑灭火器配置设计文件进行。

4.1.3 灭火器配置验收时，安装单位应提交下列技术资料：

1 建筑灭火器配置工程竣工图、建筑灭火器配置定位编码表；

2 灭火器配置设计说明、建筑设计防火审核意见书；

3 灭火器的有关质量证书、出厂合格证、使用维护说明书等。

4.1.4 灭火器配置验收应按本规范附录 B 的要求填写建筑灭火器配置验收报告。

4.2 配置验收

4.2.1 灭火器的类型、规格、灭火级别和配置数量应符合建筑灭火器配置设计要求。

检查数量：按照灭火器配置单元的总数，随机抽查 20%，并不得少于 3 个；少于 3 个配置单元的，全数检查。歌舞娱乐放映游艺场所、甲乙类火灾危险性场所、文物保护单位，全数检查。

验收方法：对照建筑灭火器配置设计图进行。

4.2.2 灭火器的产品质量必须符合国家有关产品标准的要求。

检查数量：随机抽查 20%，查看灭火器的外观质量。全数检查灭火器的合格手续。

验收方法：现场直观检查，查验产品有关质量证书。

4.2.3 在同一灭火器配置单元内，采用不同类型灭火器时，其灭火剂应能相容。

检查数量：随机抽查 20%。

验收方法：对照建筑灭火器配置设计文件和灭火器铭牌，现场核实。

4.2.4 灭火器的保护距离应符合现行国家标准《建筑灭火器配置设计规范》GB 50140 的有关规定，灭火器的设置应保证配置场所的任一点都在灭火器设置点的保护范围内。

检查数量：按照灭火器配置单元的总数，随机抽查 20%；少于 3 个配置单元的，全数检查。

验收方法：用尺丈量。

4.2.5 灭火器设置点附近应无障碍物，取用灭火器方便，且不得影响人员安全疏散。

检查数量：全数检查。

验收方法：观察检查。

4.2.6 灭火器箱应符合本规范第 3.2.2.3.2.3 条的规定。

检查数量：随机抽查 20%，但不少于 3 个；少于 3 个全数检查。

验收方法：观察检查与实测。

4.2.7 灭火器的挂钩、托架应符合本规范第 3.2.4 ~ 3.2.6 条的规定。

检查数量：随机抽查 5%，但不少于 3 个；少于 3 个全数检查。

验收方法：观察检查与实测。

4.2.8 灭火器采用挂钩、托架或嵌墙式灭火器箱安装设置时，灭火器的设置高度应符合现行国家标准《建筑灭火器配置设计规范》GB 50140 的要求，其设置点与设计点的垂直偏差不应大于 0.01m。

检查数量：随机抽查 20%，但不少于 3 个；少于 3 个全数检查。

验收方法：观察检查与实测。

4.2.9 推车式灭火器的设置，应符合本规范第 3.3.1、3.3.2 条的规定。

检查数量：全数检查。

验收方法：观察检查。

4.2.10 灭火器的位置标识，应符合本规范第 3.4.1、3.4.2 条的规定。

检查数量：全数检查。

验收方法：观察检查。

4.2.11 灭火器的摆放应稳固。灭火器的设置点应通风、干燥、洁净，其环境温度不得超出灭火器的使用温度范围。设置在室外和特殊场所的灭火器应采取相应的保护措施。

检查数量：全数检查。

验收方法：观察检查。

4.3 配置验收判定规则

4.3.1 灭火器配置验收应按独立建筑进行，局部验收可按申报的范围进行。

4.3.2 灭火器配置验收的判定规则应符合下列要求：

1 缺陷项目应按本规范附录 B 的规定划分为：严重缺陷项（A）、重缺陷项（B）和轻缺陷项（C）。

2 合格判定条件应为：A=0，且 B≤1，且 B+C≤4，否则为不合格

5 检查与维护

5.1 一般规定

5.1.1 灭火器的检查与维护应由相关技术人员承担。

5.1.2 每次送修的灭火器数量不得超过计算单元配置灭火器总数量的1/4。超出时,应选择相同类型和操作方法的灭火器替代,替代灭火器的灭火级别不应小于原配置灭火器的灭火级别。

5.1.3 检查或维修后的灭火器均应按原设置点位置摆放。

5.1.4 需维修、报废的灭火器应由灭火器生产企业或专业维修单位进行。

5.2 检查

5.2.1 灭火器的配置、外观等应按附录C的要求每月进行一次检查。

5.2.2 下列场所配置的灭火器,应按附录C的要求每半月进行一次检查。

1 候车(机、船)室、歌舞娱乐放映游艺等人员密集的公共场所;

2 堆场、罐区、石油化工装置区、加油站、锅炉房、地下室等场所。

5.2.3 日常巡检发现灭火器被挪动,缺少零部件,或灭火器配置场所的使用性质发生变化等情况时,应及时处置。

5.2.4 灭火器的检查记录应予保留。

5.3 送修

5.3.1 存在机械损伤、明显锈蚀、灭火剂泄露、被开启使用过或符合其他维修条件的灭火器应及时进行维修。

5.3.2 灭火器的维修期限应符合表5.3.2的规定。

表 5.3.2 灭火器的维修期限

灭火器类型		维修期限
水基型灭火器	手提式水基型灭火器	出厂期满 3 年; 首次维修以后每满 1 年
	推车式水基型灭火器	
干粉灭火器	手提式 (贮压式) 干粉灭火器	出厂期满 5 年; 首次维修以后每满 2 年
	手提式 (储气瓶式) 干粉灭火器	
	推车式 (贮压式) 干粉灭火器	
	推车式 (储气瓶式) 干粉灭火器	
洁净气体灭火器	手提式洁净气体灭火器	
	推车式洁净气体灭火器	
二氧化碳灭火器	手提式二氧化碳灭火器	
	推车式二氧化碳灭火器	

5.4 报废

5.4.1 下列类型的灭火器应报废:

1 酸碱型灭火器;

2 化学泡沫型灭火器;

3 倒置使用型灭火器;

4 氯溴甲烷、四氯化碳灭火器;

5 国家政策明令淘汰的其他类型灭火器。

5.4.2 有下列情况之一的灭火器应报废:

1 筒体严重锈蚀, (锈蚀面积大于、等于筒体总面积的 1/3, 表面有凹坑;

2 筒体明显变形, 机械损伤严重;

3 器头存在裂纹, 无泄压机构;

4 筒体为平底等结构不合理;

5 没有间歇喷射机构的手提式;

6 没有生产厂名称和出厂年月，包括铭牌脱落，或虽有铭牌，但已看不清生产厂名称，或出厂年月钢印无法识别；

7 筒体有锡焊、铜焊或补缀等修补痕迹；

8 被火烧过。

5.4.3 灭火器出厂时间达到或超过表5.4.3规定的报废期限时应报废。

表5.4.3 灭火器的报废期限

灭火器类型		报废期限（年）
水基型灭火器	手提式水基型灭火器	6
	推车式水基型灭火器	
干粉灭火器	手提式（贮压式）干粉灭火器	10
	手提式（储气瓶式）干粉灭火器	
	推车式（贮压式）干粉灭火器	
	推车式（储气瓶式）干粉灭火器	
洁净气体灭火器	手提式洁净气体灭火器	
	推车式洁净气体灭火器	
二氧化碳灭火器	手提式二氧化碳灭火器	12
	推车式二氧化碳灭火器	

5.4.4 灭火器报废后，应按照等效替代的原则进行更换。

附录A 建筑灭火器配置定位编码表

表A 建筑灭火器配置定位编码表

配置计算单元分类	□独立单元 □组合单元	单元名称	
单元保护面积	$S=m^2$	设置点数	$N=$
单元需配灭火级别	$Q=A$ $Q=B$	设置点需配 灭火级别	$Qe=A$ $Qe=B$

续表

设置点编号	灭火器编号	灭火器型号规格	灭火器设置点实配灭火级别	灭火器设置方式	灭火器设置点位置描述	备注
			Qe＝A Qe＝B	□灭火器箱内 □挂钩、托架上 □地面上		
			Qe＝A Qe＝B	□灭火器箱内 □挂钩、托架上 □地面上		
			Qe＝A Qe＝B	□灭火器箱内 □挂钩、托架上 □地面上		
			Qe＝A Qe＝B	□灭火器箱内 □挂钩、托架上 □地面上		
			Qe＝A Qe＝B	□灭火器箱内 □挂钩、托架上 □地面上		
			Qe＝A Qe＝B	□灭火器箱内 □挂钩、托架上 □地面上		
			Qe＝A Qe＝B	□灭火器箱内 □挂钩、托架上 □地面上		
			Qe＝A Qe＝B	□灭火器箱内 □挂钩、托架上 □地面上		
			Qe＝A Qe＝B	□灭火器箱内 □挂钩、托架上 □地面上		
			Qe＝A Qe＝B	□灭火器箱内 □挂钩、托架上 □地面上		
单元实配灭火级别		Q＝A Q＝B		单元实配灭火器数量		

附录 B　建筑灭火器配置缺陷项分类及验收报告

表 B　建筑灭火器配置缺陷项分类及验收报告

工程名称		工程地址			
建设单位		设计单位			
监理单位		施工单位			
序号	检查项目		缺陷项	检查记录	检查结论
1	灭火器的类型、规格、灭火级别和配置数量应符合建筑灭火器配置设计要求		严重（A）4.2.1		
2	灭火器的产品质量必须符合国家有关产品标准的要求		严重（A）4.2.2		
3	在同一灭火器配置单元内，采用不同类型灭火器时，其灭火剂应能相容		严重（A）4.2.3		
4	灭火器的保护距离应符合现行国家标准《建筑灭火器配置设计规范》GB 50140 的有关规定，灭火器的设置应保证配置场所的任一点都在灭火器设置点的保护范围内		严重（A）4.2.4		
5	灭火器设置点附近应无障碍物，取用灭火器方便，且不得影响人员安全疏散		重（B）4.2.5/3.1.3		
6	手提式灭火器宜设置在灭火器箱内或挂钩、托架上，或干燥、洁净的地面上		重（B）4.2.5/3.2.1		
7	灭火器（箱）不应被遮挡、拴系或上锁		重（B）4.2.6/3.2.2		
8	灭火器箱的箱门开启应方便灵活，其箱门开启后不得阻挡人员安全疏散。开门型灭火器箱的箱门开启角度应不小于 175°，翻盖型灭火器箱的翻盖开启角度应不小于 100°，不影响取用和疏散的场合除外		轻（C）4.2.6/3.2.3		

序号	检查项目	缺陷项	检查记录	检查结论
9	挂钩、托架安装后应能承受一定的静载荷，不应出现松动、脱落、断裂和明显变形。以5倍的手提式灭火器的载荷（不小于45kg）悬挂于挂钩、托架上，作用5min，观察检查	重（B） 4.2.7/3.2.4		
10	挂钩、托架安装后，应保证可用徒手的方式便捷地取用手提式灭火器。当两具及两具以上的手提式灭火器相邻设置在挂钩、托架上时，应保证可任意地取用其中一具	重（B） 4.2.7/3.2.5		
11	设有夹持带的挂钩、托架，夹持带的打开方式应从正面可以看到。当夹持带打开时，手提式灭火器不应掉落	轻（C） 4.2.7/3.2.6		
12	嵌墙式灭火器箱及灭火器挂钩、托架的安装高度，应符合现行国家标准《建筑灭火器配置设计规范》GB 50140关于手提式灭火器顶部离地面距离不大于1.50m，底部离地面距离不小于0.08m的规定，其设置点与设计点的垂直偏差不应大于0.01m	轻（C） 4.2.8/3.2.7		
13	推车式灭火器宜设置在平坦场地，不得设置在台阶上。在没有外力作用下，推车式灭火器不得自行滑动	轻（C） 4.2.9/3.3.1		
14	推车式灭火器的设置和防止自行滑动的固定措施等均不得影响其操作使用和正常行驶移动	轻（C） 4.2.9/3.3.2		
15	在有视线障碍的设置点安装设置灭火器时，应在醒目的地方设置指示灭火器位置的发光标志	重（B） 4.2.10/3.4.1		

续表

序号	检查项目	缺陷项	检查记录	检查结论
16	在灭火器箱的箱体正面和灭火器设置点附近的墙面上，应设置指示灭火器位置的标志，这些标志宜选用发光标志	轻（C） 4.2.10/3.4.2		
17	灭火器的摆放应稳固。灭火器的铭牌应朝外，灭火器的器头宜向上	重（B） 4.2.11/3.1.4		
18	灭火器的设置点应通风、干燥、洁净，其环境温度不得超出灭火器的使用温度范围。设置在室外和特殊场所的灭火器应采取相应的保护措施	重（B） 4.2.11/3.1.5/ 3.4.3/3.4.4		
综合结论				
验收单位	施工单位签章： 日期：	监理单位签章： 日期：		
	设计单位签章： 日期：	建设单位签章： 日期：		

附录 C 建筑灭火器检查内容、要求及记录

表 C 建筑灭火器检查内容、要求及记录

	检查内容和要求	检查记录	检查结论
配置检查	1 灭火器是否放置在配置图表规定的设置点位置		
	2 灭火器的落地、托架、挂钩等设置方式是否符合配置设计要求。手提式灭火器的挂钩、托架安装后是否能承受一定的静载荷，并不出现松动、脱落、断裂和明显变形		
	3 灭火器的铭牌是否朝外，并且器头宜向上。		
	4 灭火器的类型、规格、灭火级别和配置数量是否符合配置设计要求		

续表

	检查内容和要求	检查记录	检查结论
配置检查	5　灭火器配置场所的使用性质，包括可燃物的种类和物态等，是否发生变化		
	6　灭火器是否达到送修条件和维修期限		
	7　灭火器是否达到报废条件和报废期限		
	8　室外灭火器是否有防雨、防晒等保护措施		
	9　灭火器周围是否存在有障碍物、遮挡、拴系等影响取用的现象		
	10　灭火器箱是否上锁，箱内是否干燥、清洁		
	11　特殊场所中灭火器的保护措施是否完好		
外观检查	12　灭火器的铭牌是否无残缺，并清晰明了		
	13　灭火器铭牌上关于灭火剂、驱动气体的种类、充装压力、总质量、灭火级别、制造厂名和生产日期或维修日期等标志及操作说明是否齐全		
	14　灭火器的铅封、销闩等保险装置是否未损坏或遗失		
	15　灭火器的筒体是否无明显的损伤（碰伤、划伤）、缺陷、锈蚀（特别是筒底和焊缝）、泄漏		
	16　灭火器喷射软管是否完好，无明显龟裂，喷嘴不堵塞		
	17　灭火器的驱动气体压力是否在工作压力范围内（贮压式灭火器查看压力指示器是否指示在绿区范围内，二氧化碳灭火器和储气瓶式灭火器可用称重法检查）		
	18　灭火器的零部件是否齐全，并且无松动、脱落或损伤		
	19　灭火器是否未开启、喷射过		